KB202601

가짜 구원

가짜 구원

2020년 5월 5일   제1판 1쇄 발행
지 은 이   김 만 홍
펴 낸 이   김 만 홍
펴 낸 곳   도서출판 예지

인천광역시 서구 원당대로 840번길 21, 825동 1402호
전 화   010-2393-9191
등 록   2005. 5. 12. 제387-2005-00010호

정가 11,000원
ISBN 978-89-93387-41-4   03230

공급처 : 하늘유통 031) 947-7777

가짜 구원

김만홍

예지

| CONTENTS |

목 차

가장 소중한 보물

기독교의 가장 소중한 보물은 무엇일까요?

기독교의 가장 소중한 보물은 구원입니다.

구원은 기독교 신앙의 정수이며 전부이기 때문입니다.

기독교가 말하는 진리 중에

가장 중요한 진리는 구원이기 때문입니다.

구원보다 더 소중한 진리는 없기 때문입니다.

구원은 기독교의 핵심이요, 기독교가 줄 수 있는 가장 큰 선물이며,

기독교가 존재하는 이유이기 때문입니다.

예수님께서는 우리의 구원을 위해서 사람의 몸을 입으시고,

이 세상에 오셔서 십자가에서 죽으셨기 때문입니다.

누구든지 구원을 받아야 하나님의 자녀가 되고, 그리스도인이 되고,

하나님 나라의 주인공이 될 수 있기 때문입니다.

그러므로 죄에 빠진 우리 인간에게 가장 필요한 것은 구원입니다.

우리에게 다른 것이 필요한 것이 아니라 구원이면 충분합니다.

진짜 참된 구원을 주지 않고 다른 것을 아무리 많이 주더라도,

그것으로는 천국에 갈 수 없기 때문입니다.

하나님이 주시는 진짜 참된 구원이 아니라면

그 어느 누구라도 진정으로 행복할 수 없기 때문입니다.

가장 중요한 질문

저는 당신에게 가장 중요한 질문을 하고 싶습니다.

1. 당신은 진짜 참된 구원을 받았습니까?

2. 당신은 영생을 얻었습니까?

3. 당신은 의인이 되셨습니까?

4. 당신은 하나님의 자녀가 되었습니까?

5. 당신은 거듭나셨습니까?

6. 당신은 지금 죽어도 천국에 들어갈 수 있습니까?

7. 당신은 당신의 모든 죄를 다 용서 받았습니까?

8. 당신은 당신의 이름이 하늘나라 생명책에 기록되어 있습니까?

9. 당신은 확실하게 온전한 회개를 하셨습니까?

10. 당신은 성령으로 인치심을 받았습니까?

가짜 구원이란?

종교생활은 가짜 구원이다.

모태신앙만으로는 가짜 구원이다.

성경에 관한 지식의 누적은 가짜 구원이다.

선하게 사는 것만으로는 가짜 구원이다.

영접기도 자체는 가짜 구원이다.

복음을 단순히 머리로 이해하고 동의하는 것은 가짜 구원이다.

신비한 체험을 구원의 조건으로 말하면 가짜 구원이다.

신앙의 경력이나 직분을 구원의 조건으로 말하면 가짜 구원이다.

이단에서 말하는 구원은 가짜 구원이다.

확실하게 믿지 않으면 가짜 구원이다.

진정한 회개를 하지 않았다면 가짜 구원이다.

성화가 이루어지지 않는다면 가짜 구원이다.

죄를 반복적으로 계속해서 범하면 가짜 구원이다.

행함이 없는 믿음은 가짜 구원이다.

1.
진짜 참된 구원을 받는 것은
쉽지 않다

성경에서 보여주는 가장 안타까운 모습이 있다면 어떤 모습일까요? 저는 마가복음 10장 17절부터 27절에 등장하는 부자 청년의 이야기가 가장 안타까운 모습이라고 생각합니다. 여기에 등장하는 부자 청년은 예수님께 영생을 얻기 위해 나왔지만 결국은 영생을 얻지 못하고 예수님에게서 떠나게 됩니다.

그렇다면 이 부자 청년은 죽어서 어디에 갔을까요?

당연히 지옥에 들어갔습니다.

이 부자 청년은 영생을 얻을 기회가 있었지만 안타깝게도 그 기회를 놓쳐버리고, 영생을 얻지 못하고, 지옥에 들어갔습니다.

그러므로 부자 청년은 지금도 그 무서운 지옥에서 고통을 당하며 후회하고 있을 것입니다.

그러므로 우리 예수님께서는 부자가 하나님의 나라에 들어가기가 심히 어렵다고 말씀하셨고, 예수님의 제자들은 깜짝 놀라면서 "그런즉 누가 구원을 얻을 수 있는가"라고 대답합니다.

그러므로 인간이 하나님이 주시는 진짜 참된 구원을 받는 것은 결코 쉬운 문제가 아닙니다. 오늘날 사람들이 진짜 참된 구원을 받는 것이 쉬운 문제가 아니라는 것입니다. 하지만 진짜 참된 구원을 이미 받은 사람들은 구원받는 것이 쉽다고 말할 것입니다. 하지만 진짜 참된 구원을 받지 못한 사람들은 아직 본인이 구원을 받지 못했으니 진짜 참된 구원을 받는 것이 어렵다고 말할 것입니다.

이것이 어디 구원에 관한 문제만 해당할까요?

어떤 문제에 대한 정답을 이미 알고 있는 사람들은 정답을 미리 알고 있기 때문에 문제를 쉽게 풀 수 있을 것입니다. 하지만 정답을 모르는 사람들은 그 정답을 아는 것이 너무나 어렵다고 말할 것입니다.

그러므로 인간이 참된 구원을 받는 것은 결코 쉬운 문제가 아닙니다. 만약 참된 구원을 받기가 정말 쉬웠다면 구원을 얻기 위해 나왔던 부자 청년은 벌써 구원을 받았을 것입니다. 그리고 슬픈 기색을 띠고 예수님에게서 되돌아가는 비극도 없었을 것입니다. 그러므로 인간이 참된 구원을 받는 것은 결코 쉬운 문제가 아닙니다.

그렇다면 구원받기가 쉽지 않은 이유가 무엇일까요?

+ 오늘날 구원받은 사람이 너무나 적기 때문입니다

사람들이 참된 구원을 받기가 쉬웠다면 이 세상의 모든 사람은 벌써 구원을 받았을 것입니다. 하지만 오늘날 구원받지 못한 사람들이 너무나 많습니다. 그러므로 그들은 참된 구원을 받지 않았기 때문에 하나님을 예배하지도 않고, 섬기지도 않습니다. 그래서 예수님께서도 이렇게 말씀하셨습니다.

"좁은 문으로 들어가라 멸망으로 인도하는 문은 크고 그 길이 넓어 그리로 들어가는 자가 많고 생명으로 인도하는 문은 좁고 길이 협착하여 찾는 자가 적음이라"(마 7:13-14)

그러므로 생명으로 인도하는 문에 들어가는 사람들이 너무나 적고, 멸망으로 인도하는 문으로 들어가는 사람들은 너무나 많습니다. 한마디로 말하면 지옥으로 들어갈 사람들이 너무나 많다는 것입니다.

우리나라의 인구는 2020년 현재 5,178만 명이라고 합니다. 그중 6분의 1인 861만 명이 기독교인이라고 말하니, 6명 중의 1명이 교회를 다니고 있는 것입니다. 그런데 기독교를 믿는 861만 명이 다 진짜 참된 구원을 받은 사람들일까요? 절대로 그렇지 않습니다.

그러므로 구원받는 것은 절대로 쉬운 문제가 아닙니다.

그렇다면 구원받기가 쉽지 않은 이유가 무엇일까요?

+ 구원은 지식만으로 이루어지는 것이 아니기 때문입니다

그러므로 우리가 성경이나 복음을 지식적으로 배워서 구원받는 것이 아닙니다. 구원은 반드시 완전한 복음을 듣고 성령님께서 역사하시므로 그 사람이 예수 그리스도를 인격적으로 만나 변화된 삶을 살아야 참된 구원이 이루어진 것입니다. 그러므로 야고보 사도는 행함이 없는 믿음은 헛된 믿음이요, 죽은 믿음이라고 말합니다.

"이와 같이 행함이 없는 믿음은 그 자체가 죽은 것이라, 아아 허탄한 사람아 행함이 없는 믿음이 헛것인 줄을 알고자 하느냐, 네가 보거니와 믿음이 그의 행함과 함께 일하고 행함으로 믿음이 온전하게 되었느니라, 영혼 없는 몸이 죽은 것 같이 행함이 없는 믿음은 죽은 것이니라"(약 2:17, 20, 22, 26)

그러므로 어떤 사람이 진정으로 참된 구원을 받았다면 반드시 변화된 삶이 뒷받침되어야 합니다. 구원받은 사람은 회개하고, 회개에 합당한 열매를 맺어야 합니다. 그러므로 지식적으로는 절대로 구원이 이루어지지 않습니다.

그렇다면 구원받기가 쉽지 않은 이유가 무엇일까요?

✛ 마귀 사탄이 방해하고 있기 때문입니다

　　사람들이 구원을 받으려면 예수님이 완성하신 십자가의 완전한 복음을 제대로 알아야 합니다. 우리는 복음으로 말미암아 참된 구원을 받을 수 있기 때문입니다. 그래서 사도 바울도 자신이 전한 복음으로 말미암아 고린도 교회 성도들이 구원을 받았다고 말합니다.

　　"형제들아 내가 너희에게 전한 복음을 너희에게 알게 하노니 이는 너희가 받은 것이요 또 그 가운데 선 것이라 너희가 만일 내가 전한 그 말을 굳게 지키고 헛되이 믿지 아니하였으면 그로 말미암아 구원을 받으리라"(고전 15:1-3)

　　바울은 여기서 "내가 전한 복음을 굳게 지키고 헛되이 믿지 아니하였으면 그로 말미암아 구원을 받으리라"라고 말합니다. 그러므로 우리가 복음을 떠나서는 절대로 구원을 받을 수 없습니다. 그러므로 마귀 사탄은 사람들이 구원을 받지 못하도록 복음을 알아보지 못하게 만듭니다.

　　"만일 우리의 복음이 가리었으면 망하는 자들에게 가리어진 것이라 그 중에 이 세상의 신이 믿지 아니하는 자들의 마음을 혼미하게 하여 그리스도의 영광의 복음의 광채가 비치지 못하게 함이니 그리스도는 하나님의 형상이니라"(고후 4:3-4)

사실 마귀 사탄은 사람들이 구원을 받지 못하도록 끊임없이 노력하고 있습니다. 그러므로 인간을 구원할 메시아가 이 땅에 오시지 못하도록 구약 성경에서부터 방해하고 있었습니다.

구약 성경은 아브라함과 다윗의 자손으로 메시아가 오시게 될 것을 예언했기 때문에 그 자손의 대를 끊어 버리면 메시아가 오실 수 없게 됩니다. 그러므로 마귀 사탄은 그 대를 끊기 위해서 수없이 노력해왔고, 신약에 와서도 헤롯왕을 통해서 수많은 아기를 죽이므로 예수님을 없애려 하였습니다.

오늘날에도 사람들이 복음을 듣지 못하도록 역사하고 있습니다.
사람들이 복음을 소홀히 여기도록 온갖 방해를 다 하고 있습니다.
특별히 이단들도 인터넷을 통해서 기독교를 공격하고 있습니다.

그래서 김승규 전 국가정보원장이 2016년 8월 18일에 제주도에 있는 국제컨벤션센터에서 열린 '제43차 한국기독실업인회 한국대회'에서 인터넷에서 안티기독교 활동에 동조하는 세력이 5만 명이나 되며, 광범위하게는 20만 명이라는 통계가 있으며, 핵심 인물은 300여 명이 있고, 그들 가운데 '교회 박멸'을 목표로 설정하고 활동하는 팀도 있으며, 5년 전 사이버 공간을 조사해 보았더니 신천지는 별도의 막강한 동영상 제작팀이 있었고, 불교에도 '인터넷 포교사'라는 이름으로 50여 명이 활동하고 있으며, 천주교에도 인터넷 대응팀이 별도로 운영되고 있지만 정작 개신교 안에는 그런 일꾼들이 없었기 때문에 이로 인해 교회가 엄청난 손해를 보고 있다고 말하며, 한국교회도 사이버상의 기독교 공격에 긴밀하게 대처할 대응팀이 운영되어야 한다고 말했습니다.

김승규 전 원장은 법무부 장관과 국가정보원장을 역임한 뒤 퇴임해 온라인에서 한국교회를 음해하는 세력들을 제지하는 운동을 전개하고 있습니다. 그러므로 전 국정원 대표가 인터넷을 통해서 기독교와 복음을 변호하기 위해서 활동을 시작한 것입니다. 그러므로 마귀 사탄이 사람들이 구원을 받는 것을 방해하고 있으니 인간이 구원받는 것이 절대로 쉬운 문제가 아닙니다.

그렇다면 구원받기가 쉽지 않은 이유가 무엇일까요?

+ 구원을 알려주는 성경이 우리나라의 역사가 아니기 때문입니다

구원의 방법을 알려주는 복음은 오직 성경에만 기록되어 있습니다. 그러므로 성경은 구원에 이르는 지혜가 담긴 책입니다.

"또 어려서부터 성경을 알았나니 성경은 능히 너로 하여금 그리스도 예수 안에 있는 믿음으로 말미암아 구원에 이르는 지혜가 있게 하느니라"(딤후 3:15)

하지만 성경은 결코 쉬운 책이 아닙니다. 우리와는 2000년이라는 시간적 간격이 있고, 성경의 모든 내용은 우리나라의 역사가 아니라 이스라엘 나라와 중동 지역의 역사이기 때문에 성경을 이해하는 데 많은 어려움이 있습니다. 문화도 다르고, 생활습관도 다르고, 우리에게는 생소한 내용도 많습니다. 성경은 한 권의 책이 아니라 방대한 66권의 책이라서 성경을 읽기도 쉽지 않습니다. 그러므로 불신자가 구원받는 것은 절대로 쉬운 문제가 아닙니다.

그렇다면 구원받기가 쉽지 않은 이유가 무엇일까요?

+ 천국을 밭에 감춘 보화와 좋은 진주로 비유하고 있기 때문입니다

예수님은 천국은 마치 밭에 감춘 보화와 같아서 자기의 모든 소유를 다 팔아 밭을 사는 것으로 비유하시고, 또한 천국은 극히 값진 진주를 구하는 장사와 같아서 자기의 모든 것을 다 팔아 진주를 사는 것으로 비유했습니다.

"천국은 마치 밭에 감추인 보화와 같으니 사람이 이를 발견한 후 숨겨 두고 기뻐하며 돌아가서 자기의 소유를 다 팔아 그 밭을 사느니라 또 천국은 마치 좋은 진주를 구하는 장사와 같으니 극히 값진 진주 하나를 발견하매 가서 자기의 소유를 다 팔아 그 진주를 사느니라"(마 13:44-46)

만약 하나님께서 우리에게 우리의 모든 것을 다 팔아서 천국을 사라고 한다면 우리는 과연 값을 지불하고 천국을 살 수 있을까요? 결코 쉽게 대답할 내용이 아닙니다. 또한 예수님께서는 천국은 저절로 얻어지는 것이 아니라 천국은 침노하는 자가 얻는다고 말씀하셨습니다.

"요한의 때부터 지금까지 천국은 침노를 당하나니 침노하는 자는 빼앗느니라"(마 11:12)

이것은 결코 천국은 저절로 얻어지는 것이 아니라는 말씀입니다. 그만큼 구원이나 천국을 얻기 위해서 관심이 있어야 합니다. 그러므로 천국이나 구원에 관심이 없는 사람은 결코 참된 구원을 받을 수 없습니다. 천국을 사모하지 않는 사람은 절대로 구원을 받을 수 없습니다. 물론 우리가 구원을 받는 것은 어떤 선행이나 율법을 지켜서 받는 것이 아니라 하나님의 은혜와 선물로 받습니다. 하지만 우리 하나님께서는 구원을 받으라고 구걸하시는 분이 아닙니다. 그러므로 불신자가 구원받는 것은 결코 쉬운 문제가 아닙니다.

그렇다면 구원받기가 쉽지 않은 이유가 무엇일까요?

+ 수많은 종교와 이단들이 다른 복음을 전하고 있기 때문입니다

사도 바울은 "다른 이로써는 구원을 받을 수 없나니 천하 사람 중에 구원을 받을 만한 다른 이름을 우리에게 주신 일이 없음이라"(행 4:12)고 말했지만, 얼마나 많은 다른 종교들이 다 자신들의 진리가 옳고, 자신들의 구원 얻는 방법이 진리라고 전하고 있으니, 구원을 찾는 입장에서는 구원받는 것이 어려울 수밖에 없습니다.

우리나라에도 자신이 자칭 하나님이고, 자신이 예수라는 사람들이 얼마나 많습니까? 이단들도 하나같이 자신들의 구원 얻는 방법이 올바른 진리라고 말합니다. 그러니 구원을 받지 않은 입장에서는 정말 구원받는 것이 어려울 수밖에 없습니다.

그렇다면 구원받기가 쉽지 않은 이유가 무엇일까요?

+ 우리가 너무나 바쁜 세상에 살고 있기 때문입니다

사람들은 자신들이 해야 할 일들이 너무나 많아서 바쁘게 살아가다 보니 하나님이 주시는 구원을 생각할 여유가 없습니다. 그래서 구원을 받기가 너무나 어렵습니다. 사람들은 자신의 구원보다도 신경 써야 할 일들이 너무나 많습니다. 공부도 해야 하고, 취직도 해야 하고, 식구들도 먹여 살려야 하고, 일도 해야 하고, 결혼도 해야 하고, 친구도 만나야 하고, 여러 가지 배울 것도 많고, 회사도 운영해야 하고, 나라도 지켜야 하고, 세상의 다양한 일들이 그들이 정말 중요한 자신의 구원을 위해서 시간을 내지 못하게 만들고 있습니다.

그래서 예수님은 천국 잔치를 준비하고 사람들을 초대했지만, 사람들이 너무나 바빠서 초청에 오지 않은 것을 안타깝게 말씀하셨습니다.

"이르시되 어떤 사람이 큰 잔치를 베풀고 많은 사람을 청하였더니 잔치할 시각에 그 청하였던 자들에게 종을 보내어 이르되 오소서 모든 것이 준비되었나이다 하매 다 일치하게 사양하여 한 사람은 이르되 나는 밭을 샀으매 아무래도 나가 보아야 하겠으니 청컨대 나를 양해하도록 하라 하고 또 한 사람은 이르되 나는 소 다섯 겨리를 샀으매 시험하러 가니 청컨대 나를 양해하도록 하라 하고 또 한 사람은 이르되 나는 장가 들었으니 그러므로 가지 못하겠노라 하는지라"(눅 14:16-20)

예수님의 초청에 응답하지 못하는 이유는 모두 타당한 이유처럼 보입니다. 그러므로 각기 그들의 사정을 이해하지 못하는 것이 아니지만 그렇다고 그들이 구원받지 못하고 지옥에 들어가도 괜찮을까요? 그래서 사람들이 너무나 바쁘게 살다 보니 구원을 찾는 사람이 너무도 적습니다. 그러므로 구원받는 것이 결코 쉬운 문제가 아닙니다.

그렇다면 구원받기가 쉽지 않은 이유가 무엇일까요?

+ 구원을 얻는 방법을 잘못 알고 있기 때문입니다

이 세상에서는 사람들이 구원을 받을 수 있는 다양한 방법을 전하고 있습니다. 그래서 어떤 사람들은 구원을 받으려면 율법을 지켜야 한다고 가르칩니다. 그러나 율법은 너무나 방대합니다. 어떤 사람들은 구원을 받으려면 특히 구약의 유월절을 지켜야 하고, 안식일을 지켜야 한다고 가르칩니다. 하지만 이 세상에 율법을 지켜서 선하게 될 사람은 단 사람도 없습니다.

"그러므로 율법의 행위로 그의 앞에 의롭다 하심을 얻을 육체가 없나니 율법으로는 죄를 깨달음이니라"(롬 3:20)

그래서 성경은 율법으로는 구원을 받는 것이 아니라고 가르칩니다.

"사람이 의롭게 되는 것은 율법의 행위로 말미암음이 아니요 오직 예수 그리스도를 믿음으로 말미암는 줄 알므로 우리도 그리스도 예수를 믿나니 이는 우리가 율법의 행위로써가 아니고 그리스도를 믿음으로써 의롭다 함을 얻으려 함이라 율법의 행위로써는 의롭다 함을 얻을 육체가 없느니라"(갈 2:16)

어떤 사람들은 예수님이 당했던 고난을 몸소 실천해야 구원을 받을 수 있다고 가르칩니다. 그래서 고행을 실천하기 위해서 십자가를 지는 사람들도 있고, 자기 몸을 채찍으로 때리는 사람들도 있고, 계단을 무릎으로 기어 올라가는 사람들도 있습니다. 그러므로 너무도 많은 사람들이 구원을 받는 참된 복음을 모르고 있기 때문에 구원받는 것이 결코 쉽지 않습니다.

그렇습니다. 사람들이 구원받는 것은 결코 쉬운 문제가 아닙니다.

구원은 저절로 얻어지는 것이 아닙니다.

구원은 어떤 자격증을 딴다고 얻어지는 것도 아닙니다.

구원은 믿는 가정에서 태어난다고 얻어지는 것도 아닙니다.

구원은 성경을 연구한다고 얻어지는 것도 아닙니다.

구원은 지식이나 철학으로 얻어지는 것도 아닙니다.

그러므로 사람들이 구원받는 것은 결코 쉬운 문제가 아닙니다.

그러므로 사람들이 구원받을 가능성은 그만큼 적습니다.

사람들이 좁은 문으로 들어갈 가능성은 그만큼 어렵습니다.

사람들이 예수님을 만날 가능성은 그만큼 어렵습니다.

사람들이 복음을 제대로 깨달을 가능성은 그만큼 어렵습니다.

사람들이 천국에 들어갈 가능성은 그만큼 어렵습니다.

그렇다면 우리는 이제 어떻게 해야 할까요?

사람들이 지옥에 가도록 그냥 내버려 두어야 할까요?

그러므로 우리는 이제 사람들에게 진지하게 도전해야 합니다.

✝ 저는 당신에게 이렇게 도전하고 싶습니다

당신은 구원받는 것이 어려우니 진짜 참된 구원 받는 것을 포기하고 그냥 지옥에 가더라도 상관이 없습니까?

당신이 지옥에 들어가지 않고 진정으로 구원받기 원한다면 당신은 구원을 받기 위해서 진지하게 노력해야 합니다. 마치 목마른 사슴이 시냇물을 찾기에 갈급함 같이 당신에게도 구원에 대한 갈급함이 있어야 합니다. 기억하십시오. 하나님은 구원을 갈망하지 않는 사람에게는 절대로 구원의 선물을 주시지 않습니다.

그러므로 구원에 얻을 수 있는 복음에 등을 돌리고
그냥 서 있지 마십시오.
그냥 시간만 보내지 마십시오.
그냥 자기 일만 하지 마십시오.
그냥 바쁘게 살아가기만 하지 마십시오.
다른 사람의 구원에 관한 문제가 아닙니다.
바로 당신의 영혼에 관한 문제입니다.
당신이 죽느냐 사느냐의 문제입니다.
당신이 천국에서 영원토록 하나님과 함께 살아갈 것인가? 아니면 당신이 지옥에서 마귀 사탄과 함께 고통을 당하며 살아갈 것인가를 결정하는 일입니다.
당신이 과연 천국에 가느냐 아니면 지옥에 가느냐의 문제입니다.
당신의 구원 문제는 다른 사람이 대신 해결해 줄 수 없습니다.

하지만 당신이 진실한 마음으로 하나님께 나온다면 당신은 구원을 받을 수 있습니다. 구원의 방법은 인간에게 있는 것이 아니라 우리 하나님께 있기 때문입니다. 당신이 구원을 받는 것이 아무리 어려워도 전능하신 하나님은 당신을 구원하실 수 있습니다.

그러므로 구원의 방법은 사람의 방법이 아니라 하나님의 방법으로 받아야 합니다. 사람의 방법으로는 절대로 진짜 참된 구원을 받을 수 없기 때문입니다. 그래서 우리 예수님께서는 마가복음 10장 27절에서 이렇게 말씀하셨습니다.

"그들을 보시며 이르시되 사람으로는 할 수 없으되 하나님으로는 그렇지 아니하니 하나님으로서는 다 하실 수 있느니라"

그렇습니다. 당신은 결코 당신 자신을 구원할 수 없습니다.

하지만 우리 하나님께서는 어떤 인간이라도 다 구원하실 수 있습니다. 진짜 참된 구원은 인간에게 어렵습니다. 하지만 하나님에게는 쉬운 문제입니다. 그래서 구원은 어렵고도 쉬운 것입니다.

이미 구원을 얻은 사람에게는 구원받는 것이 쉽습니다.

하지만 아직 구원받지 못한 사람에게는 구원이 어렵습니다.

인간은 자기 스스로는 절대로 구원받을 수 없기 때문입니다.

그러므로 성령 하나님께서 역사해야 합니다.

그러므로 당신이 모든 것을 내려놓고 진지하게 구원을 찾아야 합니다. 당신이 진짜 참된 구원에 목숨을 걸어야 합니다. 당신이 참된 만남의 법칙에 따라 하나님께 나와야 합니다.

+ 참된 만남의 법칙이란 무엇일까요?

만남의 법칙이란 사랑이 사랑을 만나고, 간절함이 간절함을 만나는 것입니다. 그러므로 당신이 구원을 간절히 찾으면 우리 하나님께서도 당신을 만나 주십니다. 우리 하나님께서는 잠언 8장 17절에서 이렇게 말씀하셨습니다.

"나를 사랑하는 자들이 나의 사랑을 입으며 나를 간절히 찾는 자가 나를 만날 것이니라"

그러므로 당신은 시편 63편 1절에 등장하는 시편 기자처럼 하나님을 간절히 찾아야 합니다.

"하나님이여 주는 나의 하나님이시라 내가 간절히 주를 찾되 물이 없어 마르고 황폐한 땅에서 내 영혼이 주를 갈망하며 내 육체가 주를 앙모하나이다."

그러므로 당신이 간절한 마음으로 하나님께 나아오지 않는다면 당신도 구원을 받을 수 없습니다. 당신도 구원의 관문을 통과할 수 없습니다. 당신도 사랑이 많으신 하나님 아버지의 품에 안길 수 없습니다. 당신도 천국에 들어갈 수 없습니다. 그러므로 구원받는 것은 쉽지 않기 때문에 가짜 구원이 존재하는 것입니다.

2.
구원을 주지 못하는
것들이 있다

"구스인이 그의 피부를, 표범이 그의 반점을 변하게 할 수 있느냐 할 수 있을진대 악에 익숙한 너희도 선을 행할 수 있으리라"(렘 13:23)

세상에서 가장 불행하고 불쌍한 사람은 돈 없고, 권력 없고, 아픈 사람이 아니라 그 영혼이 지옥에 들어가는 사람입니다. 구원받지 못한 사람은 이 세상에서 가장 불행하고 불쌍한 사람입니다. 그러면 지옥에 들어가지 않고 하늘나라에 들어가려면 어떻게 해야 할까요? 진짜 참된 구원을 받아야 합니다. 하지만 사람은 자신을 구원할 수 있는 능력이 없습니다. 그러므로 가짜 구원을 분별하기 위해 진짜 참된 구원을 주지 못하는 것들을 살펴보십시오.

+ 선행으로 구원을 받을 수 없습니다

인간의 노력으로 구원을 받을 수 없습니다. 그렇지만 많은 사람은 구원의 조건을 자신의 행위에 두고 있습니다. 하지만 선행이 악행을 없애지는 못합니다. 죄를 저지른 후에 아무리 선한 일을 많이 해도 그 선한 일 때문에 판사가 그 사람의 죄를 용서해 주는 것은 아닙니다. 진실로 구원받지 못한 사람은 하나님 앞에서 참된 선행을 할 수 없습니다. 죄인은 영적으로 허물과 죄로 말미암아 죽어 있기 때문입니다. 죽은 사람은 선을 행할 능력이 없습니다.

만약 우리의 행위로 천국에 들어간다면 우리의 노력으로 언제 그 구원이 성취될까요? 만약 우리의 예배 출석이나 선행과 도덕적으로 선한 삶을 살아서 천국에 간다면 예수 그리스도는 헛되이 죽으신 것입니다. 우리에게 진정으로 필요한 분은 구세주가 아니라 매사에 도덕적이고 모범적인 삶을 살게 하시는 분일 것입니다. 따라서 우리의 선한 행위를 통하여 구원받을 수 있다고 주장하는 모든 종교는 거짓 종교입니다.

인간이 자신을 구원하지 못하는 것은 인간은 죄를 범한 죄인이기 때문에 죄인이 죄인을 구원할 수 없기 때문입니다. 인간이 스스로를 구원할 수 있다고 생각하는 것이 모순이요 환상입니다. 그런데도 인간이 만든 이 땅의 모든 종교는 인간이 자신을 구원할 수 있다고 가르칩니다.

하지만 기독교는 인간이 만든 종교가 아니라 참된 생명을 살아내는 것입니다. 그리스도인이 선한 행실을 보이고 의롭게 살아가며 정결하게 사는 것은 구원을 받기 위해서가 아니라 하나님의 은혜로 구원을 이미 받았기 때문에 고맙고 감사해서 보답하는 마음으로 그렇게 살아가는 것입니다. 그러므로 다윗은 자신이 경험한 하나님의 은혜를 보답하겠다고 간증합니다.

"하나님이 주신 은혜를 내가 무엇으로 보답할꼬"

다음 구절은 이 점을 명확하게 뒷받침해줍니다.

"너희는 그 은혜에 의하여 믿음으로 말미암아 구원을 받았으니 이것은 너희에게서 난 것이 아니요 하나님의 선물이라 행위에서 난 것이 아니니 이는 누구든지 자랑하지 못하게 함이라"(엡 2:8-9)

여기서 '너희'는 에베소교회의 구원받은 성도들을 지칭합니다. 그들은 무엇으로 구원을 받았을까요? 그들은 하나님의 은혜와 믿음을 통해서 하나님의 선물로 구원을 받았습니다. 사도 바울은 계속해서 명확하게 말합니다.

"허물로 죽은 우리를 그리스도와 함께 살리셨고 (너희는 은혜로 구원을 받은 것이라)"(엡 2:5)

여기서 말하는 은혜란 받을 만한 자격이 없음에도 불구하고 거저 받는 것을 말합니다. 구원은 행위에서 비롯되는 것이 아니기 때문에 사도 바울은 '너희에게서 난 것이 아니요'(엡 2:8)라고 말합니다. 그런데 이 말은 구원은 인간에게서 나는 것이 아니고 하나님이 주시는 선물이란 뜻입니다. 그래서 '행위에서 난 것이 아니니'(엡 2:9)라고 분명하게 말씀합니다. 사도 바울은 다른 곳에서도 이 점을 명확하게 말합니다.

"우리를 구원하시되 우리가 행한 바 의로운 행위로 말미암지 아니하고 오직 그의 긍휼하심을 따라 중생의 씻음과 성령의 새롭게 하심으로 하셨나니"(딛 3:5)

여기서도 '우리의 행한 바 의로운 행위로 말미암지 아니하고'라고 말씀합니다. 또 다른 곳에서 사도 바울은 명확하게 말합니다.

"하나님이 우리를 구원하사 거룩하신 소명으로 부르심은 우리의 행위대로 하심이 아니요 오직 자기의 뜻과 영원 전부터 그리스도 예수 안에서 우리에게 주신 은혜대로 하심이라"(딤후 1:9)

여기서도 은혜가 강조되고 있습니다. 이처럼 분명하게 행위가 아니고 은혜라고 강하게 말씀하시는데 세상의 수많은 종교는 구원의 조건으로 착한 행실을 강조합니다.

그러므로 우리 예수님은 이러한 통찰을 나누고 있습니다.

"나더러 주여 주여 하는 자마다 다 천국에 들어갈 것이 아니요 다만 하늘에 계신 내 아버지의 뜻대로 행하는 자라야 들어가리라"(마 7:21)

그러면 여기서 내 아버지의 뜻이란 무엇일까요? 사도 요한은 다른 곳에서 하나님의 뜻을 명확하게 설명합니다.

"내 아버지의 뜻은 아들을 보고 믿는 자마다 영생을 얻는 이것이니 마지막 날에 내가 이를 다시 살리리라 하시니라"(요 6:40)

그러므로 하나님 아버지의 뜻은 하나님이 보내신 예수님을 믿고 영생을 얻는 것입니다(요 3:16).

＋ 교육, 철학, 지식으로 구원을 받을 수 없습니다

우리는 인간의 교육과 지식과 지혜로 구원을 받을 수 없습니다. 오히려 지식적으로 뛰어나기 때문에 교만하여 복음을 믿지 않고, 예수님을 거절하는 사람들이 더 많습니다. 그러므로 하나님은 성경에서 분명하게 말씀하셨습니다.

"하나님의 지혜에 있어서는 이 세상이 자기 지혜로 하나님을 알지 못하므로 하나님께서 전도의 미련한 것으로 믿는 자들을 구원하시기를 기뻐하셨도다"(고전 1:21)

이 말씀의 결론은 이것입니다.

"자기 지혜로 하나님을 알지 못하는 고로"

이것이 정답이요, 사실이요, 진리입니다. 이 세상에서 어떤 사람들은 전도를 미련한 것으로 보지만 하나님은 그 미련해 보이는 전도를 통해서 사람들을 구원하시는 분이십니다. 십자가의 복음은 멸망하는 사람들에게는 미련하게 보이지만, 구원 얻는 우리에게는 하나님의 능력이 됩니다. 사도 바울은 하나님의 섭리를 명확하게 설명합니다.

"형제들아 너희를 부르심을 보라 육체를 따라 지혜로운 자가 많지 아니하며 능한 자가 많지 아니하며 문벌 좋은 자가 많지 아니하도다 그러나 하나님께서 세상의 미련한 것들을 택하사 지혜 있는 자들을 부끄럽게 하려 하시고 세상의 약한 것들을 택하사 강한 것들을 부끄럽게 하려 하시며 하나님께서 세상의 천한 것들과 멸시 받는 것들과 없는 것들을 택하사 있는 것들을 폐하려 하시나니"(고전 1:26-28)

그러므로 우리 예수님은 단호하게 말씀하셨습니다.

"그 때에 예수께서 대답하여 이르시되 천지의 주재이신 아버지여 이것을 지혜롭고 슬기 있는 자들에게는 숨기시고 어린 아이들에게는 나타내심을 감사하나이다"(마 11:25)

여기에 등장하는 어린아이는 겸손하게 하나님을 믿으려 하는 자들을 지칭합니다.

+ 도덕적으로 바르게 살아도 구원을 받을 수 없습니다

예레미야는 인간의 마음에 대해 단호한 선언을 했습니다.

"만물보다 거짓되고 심히 부패한 것은 마음이라 누가 능히 이를 알리요마는"(렘 17:9)

사람의 마음은 이 세상에서 가장 부패하고 더럽고 추하므로 그러한 마음으로는 바르게 살아갈 수 없습니다. 예레미야는 계속해서 분명하게 말합니다.

"구스인이 그의 피부를, 표범이 그의 반점을 변하게 할 수 있느냐 할 수 있을진대 악에 익숙한 너희도 선을 행할 수 있으리라"(렘 13:23)

이 말씀의 의미가 무엇일까요? 흑인이 피부를 변하게 할 수 있다면, 표범이 반점을 변하게 할 수 있다면 악에 익숙한 사람도 선을 행할 수 있다는 말입니다. 하지만 흑인이 백인이 될 수 없듯이, 표범이 반점을 없애지 못하는 것처럼 죄인은 자신을 구원할 수 없습니다. 그러므로 인간이 도덕적으로 바르게 살아도 구원을 받을 수 없습니다. 인간이 의롭게 살았다고 내세우는 의는 하나님 앞에서 더러운 옷과 같아서 인정될 수 없습니다. 이사야는 이 점을 명확하게 말합니다.

"무릇 우리는 다 부정한 자 같아서 우리의 의는 다 더러운 옷 같으며 우리는 다 잎사귀 같이 시들므로 우리의 죄악이 바람 같이 우리를 몰아 가나이다"(사 64:6)

+ 다른 종교로 구원을 받을 수 없습니다

이 세상에는 다양한 종교가 있지만, 그 종교들은 크게 이방 종교와 사이비 기독교 종교로 구분할 수 있습니다. 하지만 어떤 종교를 막론하고 그들 모든 종교는 하나같이 우리가 구원받기 위해서 무엇을 해야 한다고 가르칩니다. 그들은 기도를 하거나, 순례를 하거나, 고행을 하거나, 제사를 드리거나, 어떤 예식을 거행하거나, 주문을 외우게 합니다. 하지만 기독교는 종교가 아니라 생명입니다.

그러므로 예수님은 구원을 주는 다른 길이 없다고 말씀하셨습니다.

"예수께서 이르시되 내가 곧 길이요 진리요 생명이니 나로 말미암지 않고는 아버지께로 올 자가 없느니라"(요 14:6)

진짜 참된 구원을 받는 길은 오직 예수님이 유일한 길이요 진리요 생명입니다. 그 길이 아니면 천국은 갈 수 없습니다. 그 진리가 아니라면 참된 진리가 아닙니다. 그 생명이 아니라면 천국에서 영원히 살아갈 수 없습니다. 누가는 또 다른 곳에서 하나님이 다른 구원자를 주신 적이 없다고 명확하게 말합니다.

"다른 이로써는 구원을 받을 수 없나니 천하 사람 중에 구원을 받을 만한 다른 이름을 우리에게 주신 일이 없음이라 하였더라"(행 4:12)

그러므로 어떤 종교도 우리의 죄 문제를 해결해 주지 못합니다. 오직 예수님 한 분만이 우리 죄를 용서하실 수 있습니다.

+ 율법으로 구원을 받을 수 없습니다

율법과 연관에서 잘못된 세 가지 오류가 있습니다. 그것은 율법주의와 반 율법주의와 갈라디아주의가 그것입니다. 율법주의는 사람이 율법을 지킴으로 구원을 받을 수 있다고 가르치는 자들입니다. 사도행전 15장 1절부터 2절에 보면 안디옥교회에 유대로부터 내려와서 이방인인 안디옥 사람들에게 모세의 법대로 할례를 받아야 구원을 받는다고 가르치는 사람들이 있었습니다. 바울과 바나바가 예루살렘 교회로 파송되어 그 문제를 놓고 예루살렘 교회에서 회의가 열었습니다. 그 회의의 결과는 분명하여 그 누구라도 율법을 통해서 구원을 받을 수 없다고 결론을 내렸습니다. 그리고 율법주의를 해결하기 위해서 로마서가 기록되었습니다.

반 율법주의는 은혜로 구원을 받았으니 율법은 필요 없고, 구원받은 후에 어떻게 살아도 상관없다는 도덕률 폐기론 자들이 반 율법주의요, 무법주의 자들입니다. 그래서 반 율법주의를 해결하기 위해서 야고보서가 기록되었습니다. 야고보서는 올바른 믿음을 소유했다면 반드시 믿음의 행함이 뒤따라야 한다는 것을 강조합니다.

갈라디아주의는 구원은 은혜로 받았으나 율법을 지킴으로 구원을 보존해 간다는 주장입니다. 은혜에 율법을 더하는 것입니다. 갈라디아주의를 해결하기 위해서 갈라디아서가 기록되었습니다. 사도 바울은 갈라디아서에서 갈라디아주의 같은 다른 복음은 없다고 호되게 꾸짖고 있습니다. 성경은 이 점에 대해 명확하게 말씀합니다.

"사람이 의롭게 되는 것은 율법의 행위로 말미암음이 아니요 오직 예수 그리스도를 믿음으로 말미암는 줄 알므로 우리도 그리스도 예수를 믿나니 이는 우리가 율법의 행위로써가 아니고 그리스도를 믿음으로써 의롭다 함을 얻으려 함이라 율법의 행위로써는 의롭다 함을 얻을 육체가 없느니라"(갈 2:16)

그러므로 율법의 행위로 의롭다 함을 얻을 사람은 이 세상에 아무도 없습니다. 사도 바울은 분명하게 말합니다.

"무릇 율법 행위에 속한 자들은 저주 아래에 있나니 기록된 바 누구든지 율법 책에 기록된 대로 모든 일을 항상 행하지 아니하는 자는 저주 아래에 있는 자라 하였음이라"(갈 3:10)

그러므로 율법으로 구원을 받으려 하는 자들은 저주 아래 있습니다. 율법은 한 가지만 지켜야 하는 것이 아니라 항상 온갖 일을 해야 하기 때문입니다. 만약 지키지 못하면 용서는 없고 정죄만 있으니 저주 아래 있는 것입니다. 사도 바울은 이 점을 분명하게 선언합니다.

"또 하나님 앞에서 아무도 율법으로 말미암아 의롭게 되지 못할 것이 분명하니 이는 의인은 믿음으로 살리라 하였음이라"(갈 3:11)

율법은 인간에게 아무 소리도 내지 못하게 함으로 변명의 여지가 없습니다. 사도 바울의 명확한 결론은 이것입니다.

"우리가 알거니와 무릇 율법이 말하는 바는 율법 아래에 있는 자들에게 말하는 것이니 이는 모든 입을 막고 온 세상으로 하나님의 심판 아래에 있게 하려 함이라 그러므로 율법의 행위로 그의 앞에 의롭다 하심을 얻을 육체가 없나니 율법으로는 죄를 깨달음이니라"(롬 3:19-20)

우리는 지금까지 인간에게 구원을 줄 수 없는 것들을 살펴보았습니다.

3.
교회 안에도
가짜 신자가 있다

요즘 수많은 사람들이 하나님을 믿지 않고 있습니다. 특히 수많은 선교사를 파송했던 유럽을 살펴보면 그렇게 크고 화려한 예배당에 소수의 노인들만 예배를 드리고 있습니다. 그런데 우리나라도 마찬가지입니다. 과거 70년대나 80년대에는 수많은 사람들이 하나님을 믿었는데 요즘은 그 믿는 숫자가 점점 줄어들고 있습니다. 그렇다면 오늘날 사람들이 기독교를 버리고 떠나는 이유가 무엇일까요?

한국 갤럽에서 18세 이상의 성인 남녀 1,613명을 대상으로, 가구 방문을 통한 일대일 면접 조사를 통해 종교 자료를 발표한 적이 있었습니다. 그 당시에 한국 종교인 중 다른 종교로 개종한 경험을 가진 사람들이 16.2%였습니다. 그런데 다른 종교로 개종하기 전에 불교를 믿었던 사람들은 32.8%였고, 천주교를 믿었던 사람들은 9.8%였으며, 기독교를 믿었던 사람들은 무려 58.4%나 되었습니다. 이 같은 현상을 우리는 어떻게 이해해야 할까요? 이것은 참으로 심각한 문제가 아닐 수 없습니다. 이 같은 현상이 무엇을 말해주고 있을까요? 이 기사를 쓴 국민일보 기자는 이렇게 지적했습니다.

"많은 사람들이 교회를 찾고 있지만, 이들 중 상당수가 교회에 정착하지 못하고 다른 종교로 개종하고 있기 때문에 그러므로 교회는 초신자들을 대상으로 확실한 구원 관을 심어주어야 합니다."

그러므로 이 문제의 핵심에 구원 문제가 자리 잡고 있습니다. 진짜 참된 구원을 받은 성도는 절대로 다른 종교로 개종할 수 없기 때문입니다. 그러므로 우리는 한 영혼을 천하보다 귀하게 여겨 예수님이 십자가에서 완성하신 완전한 복음을 확실하게 전하여 모든 사람을 확실하게 구원해야 합니다.

+ 교회 안에도 가짜 신자들이 있습니다

우리가 깊이 생각해 보아야할 중요한 질문은 이것입니다. 오늘날 사람들이 교회에 다니고 하나님을 믿는다고 말하면, 그들은 모두 다 구원을 받았을까요?

이 세상에 수많은 명품들 중에 가짜가 존재하는 것처럼, 기독교의 가장 중요한 구원에도 가짜가 존재하지 않을까요?

예수님의 씨 뿌리는 비유에서 가짜 신자가 있다는 것을 알 수 있습니다.

"사람들이 잘 때에 그 원수가 와서 곡식 가운데 가라지를 덧뿌리고 갔더니 싹이 나고 결실할 때에 가라지도 보이거늘 집 주인의 종들이 와서 말하되 주여 밭에 좋은 씨를 뿌리지 아니하였나이까 그런데 가라지가 어디서 생겼나이까 주인이 이르되 원수가 이렇게 하였구나 종들이 말하되 그러면 우리가 가서 이것을 뽑기를 원하시나이까 주인이 이르되 가만 두라 가라지를 뽑다가 곡식까지 뽑을까 염려하노라 둘 다 추수 때까지 함께 자라게 두라 추수 때에 내가 추수꾼들에게 말하기를 가라지는 먼저 거두어 불사르게 단으로 묶고 곡식은 모아 내 곳간에 넣으라 하리라"(마 13:25-30)

여기서 하나님의 곳간에 들어가는 곡식은 진짜 참된 구원을 받은 성도이고, 추수 때에 거두어 불에 사르는 가라지는 가짜 구원을 받은 사람입니다. 곡식과 가라지가 함께 공존하는 것처럼 교회 안에도 아직 진짜 참된 구원을 받지 않은 가짜 신자가 존재합니다.

그런데 본인이 진짜 참된 구원을 받지 않았으면서도 본인은 구원을 받았다고 착각하고 있다면 그 사람은 절대로 구원을 받을 수 없습니다.

본인이 구원을 받지 않았다는 것을 확실하게 알아야 간절한 마음으로 구원을 받으려고 하나님께 나올 수 있기 때문입니다.

저는 한 교회를 담임하는 목사로서 제가 담임하는 교회의 성도들은 가짜 구원으로 인하여 그 무서운 지옥에 들어가는 사람이 단 한 사람이라도 없기를 간절히 바라고 있습니다. 누가복음 15장의 잃어버린 양의 비유에서 선한 목자는 양 100마리 중에 한 마리를 잃어버리면 99마리 양들을 들에 두고, 한 마리 잃어버린 양을 찾기 위해 모든 노력을 다하는 모습이 기록되어 있습니다.

그러므로 모든 목사는 자신이 목회하는 교회의 성도들은 진짜 참된 구원을 받지 못해 지옥에 들어가는 영혼이 단 한 사람이라도 없기를 바란다면 진짜 참된 구원이 무엇인지, 그리고 가짜 구원이 무엇인지 정확하게 분별해서 모든 성도들이 진짜 참된 구원을 받을 수 있도록 지도해야 합니다.

그러므로 우리는 먼저 교회 안에 있는 가짜 신자들에게 관심을 가져야 합니다. 많은 사람들이 교회에 다니고 예수를 믿는다고 하면서도 구원을 받지 못하고 종교 생활을 하는 사람들이 너무나 많습니다. 그들은 구원받은 것으로 보이고, 구원받은 것처럼 행동하고, 심지어 자신이 구원받았다고 말하기까지 하지만 사실은 그들은 구원받지 못하고 그냥 종교인으로 살아가고 있습니다. 그들은 참된 구원으로 인도하는 십자가의 완전한 복음의 진리가 무엇인지 모르고 있습니다.

우리나라에서 교회를 출석하고 있는 교인들은 몇 명이나 될까요?

과연 그들 중 정확한 복음으로 구원을 받은 사람들은 몇 명이나 될까요? 과연 기독교의 진짜 참된 복음이 정확하게 무엇을 의미하는지 바로 아는 사람들은 몇 명이나 될까요?

많은 사람들이 입으로는 십자가의 복음을 이야기하지만, 그 복음의 의미를 정확하게 모르고 있습니다. 대개는 십자가의 복음을 막연하게 알고 있거나, 아예 모르고 있거나, 복음으로 구원을 어떻게 받을 수 있는지 모르고 있습니다.

이 얼마나 안타까운 현실입니까?

따라서 장두만 박사는 「구원상담론」에서 이렇게 지적합니다.

"사실 교회 밖에 있는 불신자도 문제지만, 교회에 다니면서 직분도 가지고 있고, 열심히 활동도 하지만 거듭나지 않은 사람들이 더 큰 문제가 됩니다. 그들은 여전히 불신자이고, 거듭나야 할 대상입니다. 거듭나지 못한 사람은 교회 밖에 있든지, 교회에 다니고 있든지 관계없이 모두 하나님의 진노 아래 있기 때문입니다. 그들은 단지 기독교라는 종교를 믿는 종교인들이지, 예수 그리스도와 인격적 관계를 맺은 사람들은 아닙니다. 기독교는 생명 그 자체이지, 단순한 종교는 아닙니다. 왜냐하면 종교는 인간이 하나님을 찾아가려는 노력이기 때문입니다. 그럼에도 불구하고 대부분의 교회에서 이들을 방치하고 있거나, 그냥 그리스도인으로 간주하고 있습니다."

+ 교인들이 복음에 대한 막연한 지식을 가진 이유가 무엇일까요?

어떤 사람은 그 이유를 이렇게 설명합니다.

"그것은 복음을 전해야 할 교회가 바른 복음을 가르치지 않기 때문입니다. 그리고 사람들이 복음에 관해 관심이 없고 또 알려고 하지도 않기 때문입니다. 많은 교회에서 목회자들이 일주일에 쉴 새 없이 설교하고 있지만, 복음의 진리를 선포하고 가르치는 목회자는 전체로 봤을 때 그리 많지 않습니다. 그들은 가벼운 설교, 신자들을 만족시키는 설교를 하는 것입니다. 진리를 외면하는 그들 덕분에 많은 신자들이 복음의 진리에 대해 잘 모르는 것입니다. 기독교의 핵심 진리에 대해서 잘 모르고 있는 것입니다. 문제는 가르치는 것만이 아니라 알려고도 하지 않는 것입니다. 모르면 알기 위해 노력해야 하는 것은 당연하지만 누구도 그러한 노력을 기울이지 않습니다. 그 이유는 무엇을 알아야 할지 모르고 있기 때문이며, 복음에 대한 관심이 없기 때문입니다."

그러므로 제임스 몽고메리 보이스는 중생한 사람인지 아닌지에 관계없이 단지 교인 수만 증가시키기 위해 십자가 없는 기독교, 안일한 신앙으로 청중의 눈을 어둡게 하는 설교자들에게 해결책을 제시합니다.

"설교자는 비록 교인일지라도 그들이 실제로는 구원받지 못한 상태 일 수 있다는 점을 상기 시켜 주어야 합니다."

그러므로 가짜 구원이 존재할 수 있는 근거는 거짓의 아비인 마귀 사 탄이 인간들을 속이고 있기 때문입니다. 가짜 구원을 진짜 구원으로 믿 고 있는 사람들은 마귀 사탄의 속임수에 넘어가 거짓을 진리로 믿고 있 는 사람들입니다. 그들은 가짜를 진짜로 믿고 있습니다. 그들이 진짜 참 된 구원을 받지 못한 것이 분명하지만 자신들은 이미 구원을 받았다고 착각하고 있습니다.

+ 마귀 사탄이 가짜 구원을 만듭니다

우리는 마귀 사탄이 가짜를 만드는데 천재라는 사실을 바로 알아야 합니다. 마귀 사탄은 자신이 사탄이면서도 자기를 화려한 빛의 천사로 가장합니다. 그러므로 마귀 사탄은 가장 귀한 것들과 비교되는 가짜들 을 만들고 있습니다.

이 세상에서 귀중하지 않은 걸레나 비닐우산이나 손수건이나 머리빗 처럼 가치 없고 하찮은 것들은 가짜가 없습니다. 하지만 사람들은 다이 아몬드와 롤렉스 시계와 지폐와 수표와 유명 메이커 제품들과 웅담이나 산삼이나 녹용이나 값비싼 양주나 여러 종류의 보석들을 가짜로 만들 어 내고 있습니다. 이 세상에는 진짜와 가짜가 함께 공존하고 있습니다.

사람들이 분별하지 못하도록 가짜를 더 진짜처럼 화려하게 만듭니다.

그렇다면 기독교의 진수라고 할 수 있는 구원이 가짜가 없을까요? 분명히 이 세상에는 참된 진리와 비 진리가 함께 공존하고 있습니다. 그러므로 마귀 사탄은 사람들이 참된 복음을 분별하지 못하도록 참된 복음의 진리를 가리고 있습니다.

"만일 우리의 복음이 가리었으면 망하는 자들에게 가리어진 것이라 그 중에 이 세상의 신이 믿지 아니하는 자들의 마음을 혼미하게 하여 그리스도의 영광의 복음의 광채가 비치지 못하게 함이니 그리스도는 하나님의 형상이니라"(고후 4:3-4)

'만일 우리의 복음이 가리었으면 망하는 자들에게 가리어진 것이라'

그러므로 지옥에서 멸망을 당할 자들에게는 복음이 가려져 있습니다. 이 세상의 신인 마귀 사탄이 사람들의 마음을 '혼미케'하여 참된 복음의 빛을 보지 못하게 만들고 있기 때문입니다. 여기서 '혼미'라는 단어는 어두울 혼(昏)과 미혹할 미(迷)로서 사람들의 마음을 어리둥절하여 사리를 분별하지 못하게 하고, 헛갈리게 하고, 장님이 되게 한다는 뜻입니다. 그리하여 사람들의 마음의 눈이 가려져서 사망의 길을 참된 진리의 길로 착각하며 그 길을 가고 있는 것입니다.

다음 구절은 이 점을 명확하게 뒷받침해줍니다.

"어떤 길은 사람이 보기에 바르나 필경은 사망의 길이니라 웃을 때에도 마음에 슬픔이 있고 즐거움의 끝에도 근심이 있느니라"(잠 14:12-13)

이 말씀에 등장하는 사람은 참된 진리의 길을 찾았다고 즐거워하고 웃으면서 그 길을 가고 있지만, 실상은 사망의 길이요, 슬픔의 길이요, 근심의 길로 가고 있는 것입니다. 어떤 사람이 미련한 사람일까요? 잘못된 길을 가면서도 옳은 길로 간다고 착각하는 사람입니다. 자신의 행위를 선한 것으로 여기는 사람입니다. 그러므로 지옥으로 가면서도 천국으로 가고 있다고 착각 속에 빠진 사람들이 가장 어리석은 사람들입니다. 그들의 구원은 가짜이기 때문입니다. 그러나 지혜로운 사람은 참된 복음의 진리를 전하는 사람의 권고를 받아들입니다.

"미련한 자는 자기 행위를 바른 줄로 여기나 지혜로운 자는 권고를 듣느니라"(잠 12:15)

그러므로 존 맥아더는 예수님을 믿는다고는 하면서도 진정으로 믿지 않는 사람들에 대해서 깊은 우려를 나타내고 있습니다.

"최근의 통계에 따르면, 세계인구 중 16억이 그리스도인이라고 합니다. 그리고 이름 있는 여론 조사에 의하면, 미국인들 중 3분의 1에 해당하는 사람들이 거듭났다고 합니다. 이 숫자는 수백만의 사람들이 비참하게도 속고 있음을 보여줍니다. 그들의 확신이라는 것은 저주스러울 정도로 거짓된 확신입니다."

보수파 장로교회의 대표적 학자인 그레샴 메이천 박사도 「믿음이란 무엇인가?」에서 이 문제의 심각성을 지적했습니다.

"현대 신앙생활의 가장 큰 악 중의 하나는, 내가 보건대, 일정한 공식에 따라 '나는 예수를 나의 구세주로 영접한다.'고 고백만 하면, 그 고백의 진정한 의미를 이해하고 있다는 증거가 없음에도 불구하고 교회의 회원으로 받아들인다는 사실입니다. 이런 관습의 결과, 예수 그리스도의 도덕적 성품에 대한 존경심 때문이라든지 인도주의적 사업에 종사하겠다는 막연한 목적으로 예수를 믿는 사람들을 수없이 교회에 받아들이고 있습니다. 교회 내에 있는 그런 사람 한 명이, 내가 믿기로는, 교회밖에 있는 10명보다 주님 일에 훨씬 더 많은 해악을 끼치고 있습니다. 그렇기 때문에 이런 잘못된 관습은 근본적으로 바뀌어야 합니다."

+ 참된 구원에 관심이 없는 사람들이 있습니다

우리 예수님께서는 진짜 참된 구원에 관심이 없는 사람들에게 제발 믿어달라고 애걸하고 구걸하시는 분이 아닙니다. 우리 예수님께서는 천국에 관해 관심이 없는 사람들은 차라리 모르기를 바라셨기 때문에 천국에 관해 설명할 때 여러 가지 비유로 말씀하셨습니다. 그러므로 천국이나 복음은 절대로 싸구려가 아닙니다. 천국은 아무나 들어갈 수 있는 곳이 아닙니다. 천국은 원 프러스 원으로 어떤 물건을 사면 그냥 하나 더 끼워 주는 것도 아닙니다. 어떤 사람이 종교 생활을 하면 그냥 덤으로 천국을 주는 것이 아니라는 것입니다. 그러므로 천국의 가치를 모르는 사람은 죽었다, 깨어나도 구원을 받을 수 없고, 천국에 들어갈 수 없습니다.

그렇다면 천국과 구원에 대해 누가 애원하고, 누가 사정해야 할까요?

구원을 받지 못해서 당장이라도 죽으면 지옥에 떨어질 사람일까요? 아니면 상상할 수 없는 엄청난 행복을 누릴 수 있는 천국을 소유한 하나님일까요?

사람들이 천국을 몰라도 너무나 모르는 것입니다.

진짜 참된 구원을 받고 하나님을 섬기며 천국에 들어가는 것이 얼마나 좋은지 너무나 모르고 있습니다.

진짜 구원이 얼마나 귀하고 가치가 있는지 너무나 모르고 있습니다.

그렇다면 누가 정신을 차리려야 할까요?

"정신 차려 이 친구야!"

"당신은 지금 지옥 문턱에 서 있는 거야!"

"당신에게 다시는 기회가 주어지지 않을지도 몰라"

"그러니 지금 당장 모든 것을 다 내려놓고"

"지금 당장 믿어야 해!"

"왜 말귀를 못 알아듣는 거야!"

"당신이 그렇게 산다면 지옥에 들어갈 수밖에 없어!"

"엄청나게 후회할 날이 곧 오고야 말 거야!"

"제발 정신 좀 차리라고"

+ 많은 사람들이 마귀 사탄에게 속아 거짓을 참된 진리로 믿고 있습니다

"악한 자의 나타남은 사탄의 활동을 따라 모든 능력과 표적과 거짓 기적과 불의의 모든 속임으로 멸망하는 자들에게 있으리니 이는 그들이 진리의 사랑을 받지 아니하여 구원함을 받지 못함이라 이러므로 하나님이 미혹의 역사를 그들에게 보내사 거짓 것을 믿게 하심은 진리를 믿지 않고 불의를 좋아하는 모든 자들로 하여금 심판을 받게 하려 하심이

라"(살후 2:9-12)

여기 9절에 등장하는 악한 자는 적그리스도를 나타냅니다. 그러므로 9절은 악한 자와 마귀 사탄을 구분하고 있습니다. 다시 말해서 마귀 사탄의 활동을 통해서 적그리스도가 나타나는 것입니다. 데살로니가후서 2장 3절에서는 적그리스도를 불법의 사람과 멸망의 아들과 대적하는 자와 자신을 하나님이라고 내세우는 자라고 소개합니다.

그런데 11절에 보니 "하나님이 미혹의 역사를 그들에게 보내사 거짓 것을 믿게 하심은"이라고 말씀합니다. 여기에 등장하는 그들은 거짓을 믿는 자들입니다. 그들은 구원을 받았다고 착각하는 자들입니다. 왜냐하면 그들은 마귀 사탄에게 속아 넘어갔기 때문입니다. 그런데 마귀 사탄이 인간을 속이는 도구는 모든 능력과 표적과 거짓 기적입니다. 그러므로 마귀 사탄은 모든 능력으로 인간을 속이고, 여러 가지 표적으로 인간을 속이고, 여러 가지 거짓 기적으로 인간을 속이는 것입니다.

그러므로 12절 말씀에서 그들을 가리켜 "진리를 믿지 않고 불의를 좋아하는 모든 자들"이라고 말합니다. 하나님이 그들에게 진리를 믿지 못하게 만들고, 구원을 받지 못하게 만드는 것이 아니라 그들이 진리를 믿지 않고 불의를 좋아하기 때문에 거짓 것을 믿게 내버려 두는 것입니다.

그뿐만 아니라 이 세상에는 참된 복음의 진리를 전하는 사역자들만 존재하는 것이 아니라 마귀 사탄의 잘못된 거짓을 전하는 사탄의 일꾼들도 존재하고 있습니다.

"그런 사람들은 거짓 사도요 속이는 일꾼이니 자기를 그리스도의 사도로 가장하는 자들이니라 이것은 이상한 일이 아니니라 사탄도 자기를 광명의 천사로 가장하나니 그러므로 사탄의 일꾼들도 자기를 의의 일꾼으로 가장하는 것이 또한 대단한 일이 아니니라 그들의 마지막은 그 행위대로 되리라"(고후 11:13-15)

마귀 사탄이 자기를 광명의 천사로 가장하는 것처럼 사탄의 일꾼들도 의의 일꾼으로 가장하는 것입니다. 그러므로 그들은 거짓 사도요, 속이는 일꾼이요, 자기를 그리스도의 사도로 가장 하는 자들입니다. 그들은 사탄의 일꾼이며, 자기를 의의 일꾼으로 가장하는 자들입니다. 그러므로 당연히 가짜 구원이 존재하는 것입니다.

+ 마귀 사탄이 인간을 속이는 내용은 다음과 같습니다

첫째로 마귀 사탄은 거짓으로 인간을 속이고 있습니다

마귀 사탄은 참된 진리가 없기 때문에 인간을 속일 때마다 자기의 무기인 거짓으로 인간을 속이는데, 마귀 사탄은 거짓말쟁이요 거짓의 아비이기 때문입니다.

"너희는 너희 아비 마귀에게서 났으니 너희 아비의 욕심대로 너희도 행하고자 하느니라 그는 처음부터 살인한 자요 진리가 그 속에 없으므로 진리에 서지 못하고 거짓을 말할 때마다 제 것으로 말하나니 이는 그가 거짓말쟁이요 거짓의 아비가 되었음이라"(요 8:44)

둘째로 마귀 사탄은 화려한 빛의 천사로 가장하여 인간을 속이고 있습니다

"이것은 이상한 일이 아니니라 사탄도 자기를 광명의 천사로 가장하나니"(고후 11:14)

마귀 사탄은 인간으로 하여금 자신이 하는 일과 귀신들이 하는 일에 대해 모르게 만듭니다. 사람들은 그것이 사탄의 거짓이라는 것을 알아차리지 못하기 때문에 사람들은 거짓을 진리로 믿습니다. 그러므로 마귀 사탄은 거짓으로 온 천하를 유혹하는 일을 계속하고 있습니다.

"큰 용이 내쫓기니 옛 뱀 곧 마귀라고도 하고 사탄이라고도 하며 온 천하를 꾀는 자라 그가 땅으로 내쫓기니 그의 사자들도 그와 함께 내쫓기니라"(계 12:9)

우리가 마귀 사탄과 귀신들에 대해 아무런 염려를 하지 않는 것은 사탄에게 속고 있기 때문입니다. 그러므로 마귀 사탄이 사용하는 가장 효과적인 전략은 속임수입니다. 우리는 마귀 사탄의 최고의 전략이 속임수라는 것을 명심해야 사탄에게 속아 넘어가지 않습니다. 인간은 누구나 불완전한 존재이기 때문에 어떤 사람이 마귀 사탄에게 속고 있을 때에는 자신이 속고 있다는 사실조차 전혀 알아차리지 못합니다. 인간은 아주 크고 강한 속임수에 빠질수록 그 거짓에 대한 확신도 아주 깊어집니다. 그래서 우리가 마귀 사탄에게 속고 있을 때는 잘못된 거짓을 올바른 진리라고 착각하는 것입니다. 그래서 오히려 거짓의 내용으로 큰소리를 치고, 거짓을 진리라고 상대방에게 가르칩니다.

그러면 왜 이러한 일들이 일어날까요? 우리 인간은 누구나 불완전한 존재이며, 무지하기 때문입니다. 결국, 우리 인간의 무지는 마귀 사탄이 역사할 수 있는 빌미를 제공하고 틈을 주는 일입니다(엡 4:27). 마귀 사탄이 역사할 수 있는 법적인 근거를 주는 것입니다. 마귀 사탄이 들어올 수 있는 문을 열어 주는 것입니다. 그러므로 우리는 참된 복음의 진리로 무장해야 합니다.

셋째로 마귀 사탄은 세상일에 너무나 바쁘게 살아가도록 이끌어 인간을 속이고 있습니다

우리가 너무 일에 빠져 있으면, 사탄의 속임수를 전혀 알아차리지 못합니다. 우리가 세상에서 세상 중심으로 살다 보면, 이 세상의 모든 것들이 매우 편안하고 아늑하게 느껴져 영적인 필요를 느끼지 못하게 됩니다. 그런데 그것이 바로 마귀 사탄의 전략입니다. 그래서 마귀 사탄은 영적인 일에 무감각한 현대인들을 좋아합니다. 그러므로 이사야는 이렇게 말합니다.

"그러므로 스올이 욕심을 크게 내어 한량없이 그 입을 벌린즉 그들의 호화로움과 그들의 많은 무리와 그들의 떠드는 것과 그 중에서 즐거워 하는 자가 거기에 빠질 것이라"(사 5:14)

이 말씀은 많은 무리가 그들의 호화로움과 떠드는 것과 즐거워하는 것에 취해 결국에는 멸망의 구덩이에 빠질 것이라고 말합니다. 그러므로 지옥은 욕심을 크게 내어 입을 한량없이 크게 벌리고 인간들을 삼키려 하므로 우리는 조심해야 합니다.

넷째로 마귀 사탄은 심지어 성경을 이용해서 사람들을 속이고 있습니다

광야에서 예수님을 유혹할 때에도 마귀 사탄은 성경을 이용하여 예수님을 유혹했습니다.

"이르되 네가 만일 하나님의 아들이어든 뛰어내리라 기록되었으되 그가 너를 위하여 그의 사자들을 명하시리니 그들이 손으로 너를 받들어 발이 돌에 부딪치지 않게 하리로다 하였느니라"(마 4:6)

마귀 사탄이 감히 하나님의 말씀으로 하나님의 아들 예수님을 속이려 하다니 이 얼마나 영악하고 가증스러운 속임수입니까? 그런데 오늘날 이단들도 자신들이 성경의 전문가라고 주장하며, 성경을 열심히 공부하며, 성경으로 자신들의 교리를 가르치고 있습니다. 그러므로 잘못된 거짓을 진리라고 굳게 믿고 가르치고 있는 것입니다.

다섯째로 마귀 사탄은 귀신의 가르침으로 사람들을 속이고 있습니다

어떤 사람이 마귀 사탄에게 속아 귀신의 가르침에 빠져 있으면, 거짓을 진리로 알고, 거짓을 진리로 확신하며, 다른 사람에게 거짓을 진리라고 가르치는 것입니다.

"그러나 성령이 밝히 말씀하시기를 후일에 어떤 사람들이 믿음에서 떠나 미혹하는 영과 귀신의 가르침을 따르리라 하셨으니 자기 양심이 화인을 맞아서 외식함으로 거짓말하는 자들이라"(딤전 4:1-2)

그러므로 귀신들 가운데 거짓 영이 역사해서 거짓을 진리로 믿게 만듭니다.

"사랑하는 자들아 영을 다 믿지 말고 오직 영들이 하나님께 속하였나 분별하라 많은 거짓 선지자가 세상에 나왔음이라 이로써 너희가 하나님의 영을 알지니 곧 예수 그리스도께서 육체로 오신 것을 시인하는 영마다 하나님께 속한 것이요 예수를 시인하지 아니하는 영마다 하나님께 속한 것이 아니니 이것이 곧 적그리스도의 영이니라 오리라 한 말을 너희가 들었거니와 지금 벌써 세상에 있느니라"(요일 4:1-3)

여섯째로 마귀 사탄은 기적과 능력의 영역을 통해서 사람들을 속이고 있습니다

마귀 사탄은 사람들이 좋아하는 모든 능력과 표적과 기적을 통해서 사람들을 속이고 있습니다.

"악한 자의 나타남은 사탄의 활동을 따라 모든 능력과 표적과 거짓 기적과 불의의 모든 속임으로 멸망하는 자들에게 있으리니 이는 그들이 진리의 사랑을 받지 아니하여 구원함을 받지 못함이라"(살후 2:9-10)

하지만 하나님의 때가 되면 마귀 사탄의 모든 거짓과 불법은 드러날 것입니다.

"그 날에 많은 사람이 나더러 이르되 주여 주여 우리가 주의 이름으로 선지자 노릇 하며 주의 이름으로 귀신을 쫓아 내며 주의 이름으로 많은 권능을 행하지 아니하였나이까 하리니 그 때에 내가 그들에게 밝히 말하되 내가 너희를 도무지 알지 못하니 불법을 행하는 자들아 내게서 떠나가라 하리라"(마 7:22-23)

참된 구원을 받지 않았을 때는 우리도 어리석게 사탄에게 속아 넘어가 하나님께 순종하지 않았습니다.

"우리도 전에는 어리석은 자요 순종하지 아니한 자요 속은 자요 여러 가지 정욕과 행락에 종 노릇 한 자요 악독과 투기를 일삼은 자요 가증스러운 자요 피차 미워한 자였으나"(딛 3:3)

마귀 사탄은 인간을 속여서 결국 인간을 죽이고 지옥으로 끌고 가 지옥에서 영원토록 멸망을 당하게 합니다. 예수님은 사탄의 역할에 대해 예리하게 지적했습니다.

"도둑이 오는 것은 도둑질하고 죽이고 멸망시키려는 것뿐이요 내가 온 것은 양으로 생명을 얻게 하고 더 풍성히 얻게 하려는 것이라"(요 10:10)

여기에 등장하는 도둑은 마귀 사탄을 지칭하기 때문에 사탄이 인간에게 다가오는 목적은 오직 인간에게서 행복을 도둑질하고, 인간을 죽이고, 인간을 지옥에 멸망시키는 것입니다.

4.
가짜 구원이란 무엇일까?

요즘 유행하는 말 가운데 이런 말이 있습니다.

"그것이 팩트입니까? 그것이 사실입니까?"

가짜가 참으로 많은 세상이다 보니 누군가가 어떤 것을 말하면 그것이 사실인지 질문하게 되는 것입니다. 그러므로 우리는 무엇보다도 가짜 뉴스의 심각성을 바로 알아야 합니다. 그렇다면 가짜 뉴스란 무엇일까요? 가짜 뉴스란 특정 인물이나 어떤 단체를 겨냥해 가치를 훼손하려는 의도를 가지고 조작하는 뉴스를 말합니다. 그러므로 잘못된 가짜 뉴스 때문에 어떤 사람이나 단체가 엄청난 고통을 당할 수도 있습니다.

그런데 당신의 구원 문제도 마찬가지입니다. 만약에 당신이 믿고 있는 내용이 진실이 아니라 가짜라면, 당신은 엄청난 대가를 치러야 하기 때문입니다. 만약에 당신이 진짜 구원을 받았다고 생각했는데 막상 죽어서 하나님께 갔더니 하나님께서 당신에게 이렇게 말씀하시는 것입니다.

"너는 그동안 자신이 구원을 받았다고 생각했지만, 사실은 너는 구원받은 것이 아니란다. 너의 구원은 가짜란다. 그러므로 너는 지옥에 들어가서 영원토록 끔찍한 고통을 당할 수밖에 없구나."

만약에 당신이 하나님으로부터 이런 말씀을 듣는다면 어찌 될까요? 정말 큰일 날 일이 아닐까요? 하늘이 무너지고 정말 억울해서 미칠 지경일 것입니다. 그토록 오랜 세월 동안 나름대로 열심히 신앙생활을 해 왔는데 당신의 구원이 가짜라니 정말 기가 막힐 일 아닐까요?

다른 누군가로부터 그런 말을 들은 것이 아니라 모든 것을 정확하게 알고 계시는 전지전능하신 하나님께로부터 당신의 구원이 가짜라고 들은 것입니다. 온 세상의 심판 주가 되시는 하나님께서 당신의 구원이 가짜라고 말씀하시는 것입니다.

만약에 당신의 구원이 가짜라면 인제 와서 어찌해야 할까요? 만약에 당신이 죽지 않았다면 다시 구원받을 기회가 있겠지만 이제는 당신이 죽어서 하나님 앞에 서 있기 때문에 지금까지 믿어온 신앙이 가짜라면 더 이상 기회도 없는 것입니다. 지옥에 들어갈 수밖에 없는 것입니다. 다른 길이 없는 것입니다. 아주 영원토록 지옥에서 고통을 당하는 것입니다.

그러므로 당신은 지금 신앙생활을 하고 있을 때, 지금 교회를 다니고 있을 때, 당신의 구원 문제를 정확하게 해 두어야 합니다. 당신이 죽기 전에 당신의 구원문제 만큼은 정말 확실하게 해 두어야 합니다.

+ 확실하지 않다면 가짜 구원입니다

당신의 구원 문제는 그 어떤 것보다도 확실해야 해 두어야 합니다. 그래서 전 할렐루야 교회의 담임 목사이셨고, 전 햇불 트리니티 신학대학원 대학교 총장이셨던 김상복 목사는 "당신은 확실히 믿습니까?"라는 책을 나침판 출판사를 통해 출판하기도 했습니다.

어떤 사람이 진짜 참된 구원을 받는다는 것은 예수 그리스도의 복음을 정확하게 들었고, 자신의 죄를 회개하였고, 예수 그리스도를 자신의 마음속에 구주와 인생의 주인으로 영접함으로 하나님의 자녀로 새롭게 태어나는 것입니다. 그러므로 자신의 인생 가운데 분명히 일어난 사건이기 때문에 자신이 구원을 받은 것을 확실하게 믿고 알게 되는 것입니다.

저는 1980년 3월 2일에 제가 23세가 되었을 때 구원의 복음을 정확하게 듣고, 나의 죄를 회개하고, 예수 그리스도를 나의 구세주와 삶의 주인으로 영접하여 확실하게 구원을 받았습니다. 그러므로 저는 그날을 절대로 잊을 수가 없습니다. 제가 그날 나의 모든 죄를 예수님의 보혈로 용서함을 받았고, 그날 예수 그리스도를 인격적으로 확실하게 만났고, 그분이 제 마음속에 들어오셨으며, 성령 하나님께서 저에게 복음을 깨닫게 해 주셨기 때문입니다. 그런데 오늘날 교회를 다니고 있는 많은 사람에게 이렇게 질문을 해 보았습니다.

"당신은 확실하게 구원을 받았습니까?"

그러면 많은 사람이 이렇게 대답하는 것입니다.

"제가 교회를 다니고 있으니 아마 구원을 받았겠죠?"

이러한 대답은 정말 확실하지 않은 애매한 대답입니다.
그러므로 확실하지 않은 아주 웃음이 나오는 대답들을 생각해 보십시오.

어떤 사람이 자기 자녀에게
"아마 내가 너의 아버지일 것이다. 아마 그럴 것이다."
어떤 엄마가 자기 자녀에게

"아마 내가 너의 엄마일 것이다. 아마 그럴 것이다."

어떤 회사의 회장이 사원들에게

"아마 내가 이 회사의 회장일 것입니다. 아마 그럴 것입니다."

어떤 아내의 남편이 자기 아내에게

"아마 내가 당신의 남편일 것이요? 아마 그럴 것이요"

어떤 사람이 군대를 제대하고 돌아와서

"아마 내가 군대를 다녀왔을 것이요? 아마 그럴 것이요"

어떤 결혼한 부부가

"아마 우리가 결혼했을 것이요? 아마 그럴 것이요"

세상에 이런 애매한 대답이 어디 있을까요?

이런 대답이 말이 되지 않는 것처럼 교회를 다닌다고 말하는 사람이 "아마 내가 구원을 받았을 것입니다. 그러니까 교회도 다니고, 매일 기도도 드리고, 예배도 드리고, 성경도 읽고 있는 것이 아닐까요?"라고 대답한다면, 그런 사람은 분명히 참된 구원으로 인도하는 참된 복음을 제대로 알고 있는 사람이 아닐 것입니다.

+ 내가 구원을 받았겠지, 아니면 말고

당신의 구원 문제를 도박을 하는 식으로 생각하시면 안 됩니다. 도박이란 자신의 오산으로 예기치 못한 결과가 초래될 위험이 있을지라도 승산에 기대를 걸고 게임이나 불확실한 어떤 일에 내기를 하는 것을 말합니다. 그러므로 확률 게임과 같아서 될 수도 있고, 되지 않을 확률이 더 많은 것이 도박입니다. 그런데 문제는 도박 하는 사람들은 반드시 된다는 확신과 착각 속에 빠져서 돈을 거는 것입니다. 만약에 자신의 돈을 거는데 되지 않을 것이 확실하다면 절대로 돈을 걸지 않을 것입니다. 그러나 대부분 도박 중독에 빠진 사람들은 돈을 딸 수 있다는 착각 속에 빠져 계속해서 돈을 걸다가 모든 돈을 다 잃어버리고 후회하게 되는 것입니다.

그렇다면 도박과 당신의 구원 문제는 어떤 연관성이 있을까요?

그것은 당신이 진짜 참된 구원을 받았다는 확실한 증거가 없음에도 불구하고 막연하게 자신은 이미 구원을 받았다고 착각하는 경우입니다.

당신의 구원 문제를 이와 같은 식으로 취급해서는 안 됩니다

만약에 당신이 진짜로 알고 믿었던 구원이 가짜라면 당신이 치르게 될 대가가 너무나 상상할 수 없을 정도로 끔찍하고, 무섭고, 그 무엇으로도 되돌릴 수 없는 엄청난 재앙이요, 저주이기 때문입니다. 지옥은 절대로 장난이 아닙니다. 그러므로 당신의 구원의 문제를 확실하게 해 두어야 합니다. 당신의 구원이 가짜라면 엄청난 대가를 치러야 하기 때문입니다.

+ 가짜 구원을 어떻게 분별할 수 있을까요?

병원에서 환자를 치료하는 의사가 좋은 의사가 되려면 환자의 병에 대한 정확한 진단과 적절한 처방을 할 줄 알아야 합니다. 영적인 의사로서 복음을 전하는 사람의 역할도 이와 유사합니다. 그러므로 우리가 복음을 전하려면 상대방의 영적 상태를 정확하게 파악해야 합니다. 다시 말해서 영적인 진단을 바로 해야 합니다. 그 사람이 진정으로 주님을 만난 것인지 아니면 심각한 착각을 하는 것인지 가능하면 정확하게 분별할 수 있어야 합니다.

그러기 위해서는 영적인 분별력이 있어야 하는데, 이것은 주님과 깊은 교제, 영적 체험, 성경에 대한 깊은 이해, 오랫동안의 신앙생활과 다양하게 복음을 전한 경험 등을 통해 체득되는 것입니다. 하지만 우리가 기본적인 원리를 먼저 알고 상대방을 진단해보면 많은 경우에 상대방의 영적인 상태를 분별할 수 있습니다.

우리가 영적인 의사로서 과연 상대방이 진짜 참된 구원을 받은 사람인지 스스로 자신을 점검해 보도록 도와주어야 합니다.

+ 그렇다면 우리는 왜 이러한 영적인 진단을 해야 할까요?

인간의 구원 문제는 우리 인간에게 있어서 가장 중요한 문제이기 때문입니다. 그 사람의 영원한 생사가 여기에 달려 있기 때문입니다. 천국이냐 지옥이냐를 판가름하는 가장 중요한 문제이기 때문입니다. 우리가 사랑하는 가장 가까운 사람들의 영원한 운명에 관한 문제이기 때문입니다. 상대방이 구원을 받아 하나님의 축복을 누리는 사람이 되느냐 아니면 망하는 자가 되어 영원히 잃어버린 자가 되느냐가 여기에 달려 있기 때문입니다. 그러므로 사도 바울은 이 부분에 대해 아주 확실하게 말합니다.

"우리는 구원 받는 자들에게나 망하는 자들에게나 하나님 앞에서 그리스도의 향기니 이 사람에게는 사망으로부터 사망에 이르는 냄새요 저 사람에게는 생명으로부터 생명에 이르는 냄새라 누가 이 일을 감당하리요"(고후 2:15-16)

여기에 보면 "구원받는 자들"이 나오고, "망하는 자들"이 나옵니다. 인간은 누구나 두 부류의 사람들 가운데 하나에 속하게 되는 것이지 중간은 없습니다. 진짜 참된 구원을 받았다면 멸망을 당하지 않고 천국에서 영원토록 살아가는 것이지만 그 사람의 구원이 가짜라면 영원한 지옥에서 멸망을 당할 수밖에 없습니다. 그러므로 인간의 구원의 문제는 영원한 생명이냐 영원한 사망이냐를 결정하는 아주 중요한 문제입니다. 그래서 성경은 이렇게 명령하고 있습니다.

"너희는 믿음 안에 있는가 너희 자신을 시험하고 너희 자신을 확증하라 예수 그리스도께서 너희 안에 계신 줄을 너희가 스스로 알지 못하느냐 그렇지 않으면 너희는 버림 받은 자니라"(고후 13:5)

이보다 더 성경적인 명령이 또 어디 있을까요?

여기서 '너희 자신을 시험하고'라는 말은 자기 스스로 자신이 구원받은 사람인지 테스트해 보고, 점검해보라는 의미입니다. 그래서 모든 사람은 자신이 진짜 참된 구원을 받았는지 스스로 확인해 보아야 합니다.

"나는 과연 구원받은 사람인가?"
"나는 지금 죽어도 천국에 들어갈 수 있는가?"
"예수님이 정말 내 안에 살아 계시는가?"
"나는 언제 예수님을 인격적으로 만난 사실이 있는가?"
"언제 예수님이 나의 모든 죄를 해결해 주셨는가?"

만약 당신이 개인적으로 예수님을 만난 사실이 없다면 당신은 버림받은 사람이요, 하나님의 사랑에서 떨어진 사람입니다. 그 결과 당신은 영원한 지옥에 들어갈 수밖에 없습니다. 그러므로 어떤 사람이 "나는 구원을 받았다, 나는 예수님을 믿는다, 나는 천국에 갈 수 있는 확신이 있다"라고 대답하더라도, 그 사람의 대답을 액면 그대로 받아들이지 말고, 상대방이 어떻게 구원을 받았는지 구원 간증을 해달라고 정중하게 요청할 필요가 있습니다.

> **"선생님이 어떻게 구원을 받았는지 제가 선생님의 구원 간증을 한번 들어볼 수 있을까요?"**

그때 그 사람이 참으로 진짜 참된 구원을 받은 사람이라면 자신이 어떻게 구원을 받았는지 그리고 자신이 구원받은 이후에 삶이 어떻게 변화되었는지 기꺼이 들려줄 것입니다.

+ 가짜 구원이란 무엇일까요?

장두만 교수는 그의 저서 「구원, 그것이 알고 싶다」에서 진짜 참된 구원이 아닌 가짜 구원에 대해 명확하게 설명했습니다(P. 92-98).

한 영혼이 예수 그리스도를 개인적으로 만나 구원받는다는 것은 참으로 엄청난 특권이며 축복이라 하지 않을 수 없습니다. 구원이 그렇게 귀하고 소중한 만큼 사탄은 모조품 구원, 가짜 구원을 진짜 구원보다 더 범람하게 해서 사람들을 미혹하고 있습니다. 그러면 나 자신은 참으로 거듭난 사람인지 아닌지 어떻게 알 수 있을까요? 교회를 다니는 사람들 가운데 상당히 많은 사람이 전혀 구원받은 게 아니면서도 구원받은 것으로 착각하며 살아가고 있습니다. 다음과 같은 경우는 구원과 아무런 상관이 없다는 사실을 분명히 알아야 합니다.

✛ 구원의 확신이 없다면 가짜 구원입니다

상대방이 진짜 참된 구원을 받고서도 구원의 확신이 없는 경우가 있을까요? 대부분의 경우 구원받은 적이 없기 때문에 구원의 확신이 없는 것입니다.

그러므로 어떤 사람이 구원의 확신이 없다면 일단 구원받지 않은 것으로 간주해도 좋을 것입니다. 하지만 가끔 구원을 받고도 확신이 없는 경우가 있습니다. 본인이 구원을 받았지만 성경 지식이 없어서 구원의 확신이 없는 것입니다.

또 어떤 경우는 본인이 구원받은 직후 어린 신앙인으로서는 도저히 감당하기 힘들 정도로 큰 충격을 받았다거나 너무 힘든 경험을 하므로 한동안 있던 구원의 기쁨이 금세 사라질 때도 구원의 확신이 없는 것입니다. 어떤 경우에는 현재의 삶에 문제가 있어서 구원의 확신이 없는 경우도 있습니다. 하지만 참된 복음을 통해 이루어지는 성경적인 확신이 없다면 가짜 구원입니다.

+ 진정한 회개를 하지 않았다면 가짜 구원입니다

오늘날 일부에서 전해지고 있는 복음은 죄인들이 그릇된 희망을 품게 합니다. 자신의 죄에 대해 깊이 인식할 필요도 없이, 또 죄에서 돌이키는 회개가 없어도 예수께서 십자가에서 자신을 위해 죽으셨다는 것에 동의만 하면 구원받았다는 식으로 가르칩니다. 하지만 진정한 회개가 없는 구원은 있을 수가 없습니다.

구약 성경에서 회개라는 단어는 "슈브"로서, 그것은 항상 죄로부터 돌아서서 하나님께로 향하는 것을 의미합니다. 그것은 마음과 뜻과 정성과 힘을 다해서 하나님께로 돌아서는 것을 뜻합니다. 그리고 신약 성경에서 회개라는 단어가 사용될 때는 언제나 목표의 변화, 특히 죄로부터의 돌이킴을 의미합니다.

참된 회개는 그리스도에 대한 태도를 근본적으로 바꾸는 것은 물론, 양심의 가책을 포함하며, 많은 경우에 자신의 죄에 대한 슬픔을 수반합니다. 그러나 그것은 구원받기 전에 무엇을 고쳐야 한다는 것을 의미하는 것은 결코 아닙니다. 주님 앞에는 '내 모습 이대로' 나가는 것입니다. 사실상 구원받기 전에는 아무것도 근본적으로 고칠 수 있는 능력이 없습니다.

이 면에 관해서 맥아더가 잘 지적하고 있습니다.

"무엇보다도 회개는 구원에 앞서 자신의 삶을 바로 잡아 보려는 시도가 아님을 알아야 합니다. 회개에로의 부르심은 믿음으로 그리스도께로 돌이키기 전에 죄를 청산하라는 명령이 아닙니다. 오히려 그것은 자신의 불의함을 깨닫고 그것을 미워하며, 그것에 등을 돌리고, 그리스도께 달려가 전심으로 그분을 받아들이라는 명령입니다."(맥아더,「구원얻는 믿음이란 무엇인가」, p. 229)

그러므로 참된 회개는 구원에 있어서 필수적인 과정입니다. 지금까지의 죄에서 돌이키겠다는 의지(돌이키겠다는 마음의 각오)가 전혀 없이는 참된 구원이 이루어질 수 없습니다. 그렇기 때문에 "나는 구원을 받았어도 나의 삶의 방식을 전혀 바꾸지 않고 과거에 살던 그대로 살겠다."고 말한다면 그 사람의 구원은 가짜입니다.

+ 진단 질문

상대방이 교회를 다니지 않거나 다녀본 적이 없거나 다른 종교를 가지고 있는 사람이라면 일단 구원받지 않았다고 간주해도 거의 틀림이 없을 것입니다. 하지만 상대방이 교회를 다닌다고 하면 진단 질문을 해보는 것이 좋겠습니다. 그러므로 상대방에게 조심스럽고 정중하게 그리고 예의 바르게 다음과 같이 질문을 해보아야 합니다.

"만약 당신이 지금, 이 순간 죽더라도 천국에 들어갈 확신이 있습니까?"

그 사람이 진짜 참된 구원을 받았는지 계속 점검하기 위해 다른 질문을 해보아야 합니다.

당신은 진짜 참된 구원을 받았습니까?
당신은 영생을 얻었습니까?
당신은 의인이 되셨습니까?
당신은 하나님의 자녀가 되었습니까?
당신은 거듭나셨습니까?
당신은 지금 죽어도 천국에 들어갈 수 있습니까?
당신은 당신의 모든 죄를 다 용서받았습니까?
당신은 당신의 이름이 하늘나라 생명책에 기록되어 있습니까?
당신은 확실하게 온전한 회개를 하셨습니까?
당신은 성령으로 인치심을 받았습니까?

+ 만일 당신이 이렇게 대답한다면 당신의 구원은 가짜입니다

"아니요, 나는 천국에 들어갈 자신이 없습니다. 죽어봐야 알겠지요."

당신이 죽어봐야 천국에 들어갈 수 있는지를 확실하게 알 수 있을까요? 하지만 당신이 죽어보지 않고도 천국에 들어갈 수 있는지 그 여부를 미리 알 수 있습니다. 성경에서 당신이 구원을 받았는지 그 사실을 미리 알 수 있다고 말하고 있기 때문입니다.

"내가 하나님의 아들의 이름을 믿는 너희에게 이것을 쓰는 것은 너희로 하여금 너희에게 영생이 있음을 알게 하려 함이라"(요일 5:13)

사도 요한은 성경을 기록한 목적을 "우리로 하여금 우리에게 영생이 있음을 알게 하려 함이라"고 말합니다. 그러므로 당신이 진짜 참된 구원을 받았다면 당신에게 영생이 있음을 알 수 있기 때문에 구원받은 사실을 미리 알 수 있으며, 진짜 참된 구원을 받았다면 언제 죽더라도 당당하게 천국에 들어갈 수 있는 것입니다. 하지만 당신이 죽었다면 다시 구원받을 기회는 사라지게 됩니다.

"나는 천국에 가려고 노력하고 있어요"

성경은 하나님의 은혜와 선물로 구원을 받는다고 말합니다. 그러므로 인간의 노력으로는 절대로 구원을 받을 수 없습니다. 구원은 하나님의 선물이라고 했고, 인간의 행위에서 난 것이 아니라고 분명하게 말합니다.

"너희는 그 은혜에 의하여 믿음으로 말미암아 구원을 받았으니 이것은 너희에게서 난 것이 아니요 하나님의 선물이라 행위에서 난 것이 아니니 이는 누구든지 자랑하지 못하게 함이라"(엡 2:8-9)

"나는 예수 믿고 많이 변했는데요"

당신은 인간의 모든 변화가 다 구원받은 증거는 아니라는 사실을 바로 알아야 합니다. 진짜 참된 구원을 받지 않은 상태에서 교회만 다녀도 얼마든지 많은 변화가 있을 수 있습니다. 그러므로 당신의 변화 원인을 바로 파악해야 합니다. 올바른 원인에서 온 변화도 있고, 잘못된 동기에서 온 변화도 있을 수 있기 때문입니다.

"나는 하나님을 사랑하고 그분의 뜻대로 살려고 애쓰는데요"

당신이 하나님을 사랑한다고 말해도 그것이 하나님과 참된 관계를 통한 진정한 사랑이 아니라 혼자서 그냥 짝사랑하는 경우도 있습니다. 어떤 사람은 예수님을 사랑하는 것이 아니라 그냥 성부 하나님만 사랑하는 경우도 있습니다. 하지만 당신이 하나님을 만나는 길은 오직 중보자이신 예수님을 통해서만 가능하다는 사실을 바로 알아야 합니다.

"나는 설교를 들을 때 은혜를 많이 받는데요"

어떤 사람들은 드라마나 영화만 보아도 눈물을 흘리며 은혜를 받는 경우도 있습니다. 그러므로 설교를 들을 때 눈물을 흘려도 진짜 참된 구원을 받은 것이 아닐 수 있습니다.

"나는 말씀이 이해가 잘 되고 깨달아지는데요"

당신이 진짜 참된 구원을 받았기 때문에 이렇게 대답하는 경우도 있고, 참된 구원이 아니라 가짜 구원인 경우에도 얼마든지 이렇게 대답할 수 있습니다. 진짜 참된 구원이 아닌 경우에는 그 사람이 거의 구원받기 직전에 와 있다거나 마음이 준비되어가는 과정이지, 아직은 진짜 참된 구원이 아닌 경우도 있습니다. 하지만 당신에게 구원받은 다른 증거가 함께 있다면 당신은 구원을 받은 것입니다.

"나는 하나님이 살아계신 것을 믿는데요"

하나님이 살아 계신다고 믿는 것은 마귀 사탄도 믿는 내용입니다. 당신이 하나님과의 개인적인 관계 가운데 있으면서 그렇게 믿는다면 당신은 참된 구원을 받은 것입니다.

"나는 성경도 믿고 하나님도 다 믿는데요"

이와 같은 대답은 진짜 참된 구원을 받기 전에도 얼마든지 믿을 수 있는 내용입니다. 어떤 경우에는 구원받지 않고서도 교회에 오래 다니다 보면 성경에 관한 지식도 많아지고, 찬송도 꽤 많이 알게 되고, 교회 생활에도 익숙해지고, 생활도 조금 변하게 되니, 이것이야말로 구원받은 증거가 아니겠느냐는 식으로 착각하는 사람들이 있습니다. 그러나 그것은 지식의 증가이지 참된 구원을 받은 것은 아닙니다. 성경에 관한 지식이 아무리 많이 축적되어도 그것은 결코 구원이 아닙니다.

"나는 모태 신자인걸요"

많은 교인이 자신이 모태 신자라고 크게 자랑합니다. 하지만 엄밀히 말하면 모태신앙이란 존재하지 않습니다. 신앙은 나와 하나님과의 개인적인 관계이지, 어머니 때문에 또는 아버지 때문에 내가 자동으로 천국 가는 것은 결단코 아닙니다. 인간의 혈통이나 육정으로 난 것은 진짜 참된 구원이 아닙니다. 그러므로 개인적으로 예수 그리스도를 만나 거듭나는 체험을 해야 하나님의 자녀가 되는 것입니다.

"이는 혈통으로나 육정으로나 사람의 뜻으로 나지 아니하고 오직 하나님께로부터 난 자들이니라"(요 1:13)

"나는 불치병에서 치료받은 놀라운 체험을 했어요"

당신이 아무리 육체의 질병이 나은 기적을 경험했더라도 그것이 진짜 참된 구원은 아닙니다. 그 외에 교회나 교파가 구원과는 상관이 없으며, 어떤 성례전이나, 교회의 직분이나, 어떤 신비적인 체험을 구원과 연관시켜도 안 됩니다. 성령의 역사가 아니고서도 신비적인 체험을 하는 경우는 비일비재합니다. 기독교가 아닌 이방 종교에서도 성령과 관계없이 각종 신비적인 체험이 많이 있는 것을 각종 문헌을 통해 쉽게 접할 수 있습니다. 구원은 그렇게 어렵고 복잡한 것이 아닙니다. 그러나 거듭나지 못한 사람은 사탄의 역사로 인해 영적인 눈이 멀어 있기 때문에 영적인 세계가 보이지 않고, 따라서 헛갈리기 쉽다는 사실을 분명히 알 필요가 있습니다.

"나는 영접 기도를 통해 주님을 영접했어요"

우리는 영접기도 자체가 진짜 참된 구원은 아니라는 사실을 바로 알아야 합니다. 그러므로 이러한 대답을 하는 경우에 그 사람의 구원 문제에 대해 의문을 품을 수 있습니다. 많은 선교단체나 일부 교회에서 10-15분 정도의 짧은 시간 동안 복음을 소개한 후, 스스로 영접 기도를 하거나 상담자를 따라서 영접 기도를 하게 하고, 그 기도가 끝나고 나면 "이제 당신은 구원받은 성도입니다"라는 식으로 말합니다. 이것은 참으로 위험하기 그지없는 비성경적인 방법이라고 하지 않을 수 없습니다. 물론 영접 기도를 함으로써 주님을 영접해 구원받는 경우도 있습니다. 그러나 영접 기도를 수십 번 반복했지만, 여전히 구원받지 못한 사람도 있습니다. 그렇기 때문에 (영접기도 = 구원)이라는 등식은 성경적으로 볼 때 전적으로 틀린 것입니다. 만약 '나는 영접 기도를 했으니 구원받았다'고 믿는 사람이 있다면, 그는 큰 착각 가운데 있는 사람이요, 하나님과는 상관이 없는 사람입니다.

"나는 복음을 다 알아요, 예수님이 나를 위해 죽으셨다는 것을 다 알아요"

당신이 복음을 다 알아도 전인격적으로 예수님을 만나지 않았다면 그것은 지식적인 동의이지 진짜 참된 구원은 아닙니다. 진정한 구원은 마음에서 이루어지기 때문입니다. 물론 우리가 진짜 참된 구원을 받기 위해서는 복음을 지식적으로 알아야 합니다. 이 과정은 반드시 필요합니다. 만약 어떤 사람이 복음에 관한 지식이 전혀 없다면 그 사람은 구원을 받을 수 없습니다. 하지만 구원에 관한 지식 그 자체는 구원이 아닙니다. 예수님을 믿는 것은 머리로 아는 것이 아니라, 마음으로 믿는 것입니다. 마음으로 믿는다는 것은 지, 정, 의 전체로, 다시 말하면 전인격적으로 믿는 것을 의미합니다. 그렇기 때문에 지식만의 구원은 가짜 구원이고, 감정만의 구원도 가짜 구원이고, 의지의 결단만으로 주님을 영접하는 것 역시 가짜 구원입니다. 지, 정, 의가 동시에 작동해서 예수님을 믿어야 참으로 믿는 것입니다.

> "나는 주님을 사랑하고, 주님 말씀대로 살려고 노력하고, 주님께 순종하려고 애를 쓰는데, 나 같은 사람이야말로 참으로 구원받은 사람이 아닐까요?"

위의 경우는 구원받은 사람일 수도 있고, 아닐 수도 있습니다. 왜냐하면 구원받지 않은 사람도 자기 나름으로 주님을 사랑할 수 있기 때문입니다. 그러나 그것은 참사랑이 아니고 짝사랑입니다. 그리스도의 사랑이 심령 가운데 부어진 바 됨으로써 이전에 주님에 대한 사랑이 전혀 없었던 사람에게 주님에 대한 사랑이 생기기 시작했다면 그 사랑은 참된 사랑이고, 그 사람은 구원받은 사람입니다. 그러나 자기 열심이나, 그냥 예수님이 좋아서 사랑하는 것이라면 그것은 참사랑이 아닙니다. 주님 뜻대로 순종하려고 하고, 선하게 살려고 하는 것도 구원의 확실한 증거는 아닙니다. 구원받지 않고서도 그렇게 사는 사람들이 얼마든지 있습니다. 사도행전 10장에 나오는 고넬료는 구원받기 전에도 선행과 구제와 기도로 소문난 사람이었습니다.

"나는 구원 상담을 했는데요"

하지만 구원 상담을 통해 진짜 참된 구원이 이루어지지 않았음에도 불구하고 영접 기도를 했다는 이유만으로 상담자가 상대방이 구원을 받았다고 선포하는 경우에는 상대방은 진짜 참된 구원이 이루어지지 않았음에도 불구하고 자신이 구원받은 것으로 착각할 수 있습니다.

그러므로 지금까지 위에서 대답한 내용은 모두 인간 중심적이고, 인간의 관점에서 말하는 것입니다. 진짜 참된 구원을 받지 않고도 위에서 언급한 것들을 다 할 수 있을 것입니다. 그렇다면 교회를 다니면서도 왜 진짜 참된 구원을 받지 못하는 경우가 있을까요? 본인이 진짜 구원을 받았다고 착각하는 경우도 있고, 그 사람이 구원에 대해 무관심하다 보니 그런 경우가 있고, 그 사람이 다니고 있는 교회에서 진짜 참된 구원을 받을 수 있는 온전한 복음을 바르게 가르치지 않기 때문에 그런 경우가 있고, 사탄이 역사하고 있기 때문에 그런 경우가 있을 수 있습니다. 그러므로 당신은 진짜 참된 구원을 받는 것이 무엇인지, 그리고 가짜 구원이 무엇인지 확실하게 분별하고, 진짜 참된 구원을 확실하게 받은 성도가 되어야 합니다.

5.
이단이 말하는 구원은
가짜 구원이다

이단이란 하나님을 올바로 경외하는 정통신앙에서 이탈한 그릇된 믿음과 가르침을 말합니다. 그러면 무엇으로 이단을 분별할 수 있을까요? 성경의 올바른 진리에 대해서 바로 알고 있으면 거짓된 가르침을 쉽게 분별할 수 있기 때문에 성경의 올바른 진리로 분별할 수 있습니다. 그러므로 이단은 예수 그리스도와 성경의 중심 진리인 복음을 왜곡시키는 집단입니다.

"거짓말하는 자가 누구냐 예수께서 그리스도이심을 부인하는 자가 아니냐 아버지와 아들을 부인하는 그가 적그리스도니, 이로써 너희가 하나님의 영을 알지니 곧 예수 그리스도께서 육체로 오신 것을 시인하는 영마다 하나님께 속한 것이요, 미혹하는 자가 세상에 많이 나왔나니 이는 예수 그리스도께서 육체로 오심을 부인하는 자라 이런 자가 미혹하는 자요 적그리스도니"(요일 2:22, 4:2, 요이 1:7)

이단 집단은 거짓 선생을 중심으로 형성된 집단으로 그들의 기본적 전제와 진리에 대한 주장은 그들의 신학적 오류에서 출발합니다. 그들의 가르침과 활동은 귀신의 세력을 반영합니다. 그들은 현대와 와서 정통교리의 단어를 그대로 사용하고 있지만, 그 뒤에는 잘못된 의미가 숨겨져 있습니다. 말로는 인정하지만, 사상이 다른 것이 이단입니다.

+ 기독교에 이단이 많이 생기는 이유는 무엇일까요?

불교와 이슬람은 석가나 마호메트의 가르침에 근거하지만, 기독교는 그리스도의 인격과 사역에 근거합니다.

"이르시되 너희는 나를 누구라 하느냐 시몬 베드로가 대답하여 이르되 주는 그리스도시요 살아 계신 하나님의 아들이시니이다"(마 16:15-16)

이 말씀에서 예수님은 제자들에게 "너희는 나를 누구라 하느냐"라고 말씀하십니다. 이 말씀을 다른 표현으로 바꾸어 말하면 "너희는 나를 누구로 믿느냐"라는 의미입니다. 그러므로 기독교의 교리는 이 부분에 대한 설명입니다. 그런데 기독교는 절대적이며 신비스러운 내용을 가지고 있습니다. 예수 그리스도께서 처녀의 몸에서 탄생하셨다는 동정녀 탄생의 교리도 신비스럽고, 예수님께서 죽은 지 사흘 만에 부활하셨다는 부활의 교리도 신비스럽고, 예수 그리스도께서 하늘로 승천하셨다가 다시 이 땅에 재림하신다는 내용도 신비스럽습니다. 그러므로 이 신비스러운 부분에 대해서 해석이 분분하고 많은 이단을 유발하는 것입니다.

그러므로 참된 기독교는 예수 그리스도의 인격과 가르침을 중요하게 여깁니다. 인격은 그리스도인의 생활이요, 진리와 가르침은 그리스도인이 믿는 교리와 신조입니다. 또한 교리는 바른 교훈이기 때문에 우리가 지켜야 할 내용입니다. 그러므로 사도 바울은 자신의 영적인 아들 디모데에게 가르치는 교육을 계속하라고 권면하며, 이것을 행함으로 디모데 자신과 디모데에게 배우는 자들을 구원할 것이라고 말합니다.

"네가 네 자신과 가르침을 살펴 이 일을 계속하라 이것을 행함으로 네 자신과 네게 듣는 자를 구원하리라"(딤전 4:16)

뿐만 아니라 신약성경의 대부분은 이단 사상을 방어하기 위하여 기록되었습니다. 따라서 로마서와 갈라디아서와 에베소서와 골로새서와 베드로 후서 등은 이단 사상을 논박하고 있습니다.

+ 이단에 대한 성경의 가르침은 무엇일까요?

첫째로 우리는 이단을 신학적으로 진단해 보아야 합니다

이단들은 대부분 참된 진리의 말씀을 배반한 자들입니다. 그들은 다른 복음을 가지고 있습니다. 그들은 예수 그리스도를 부인하며, 성경 외에 다른 것을 권위로 주장합니다. 그러므로 이단들은 교주와 제2의 경전을 가지고 있습니다. 그들은 예수 그리스도의 은혜로 구원받는 진리를 부인합니다. 그들은 예수 그리스도의 인격을 격하시키며, 자기들에게만 구원이 있다고 주장합니다. 말세와 종말이 다가오면 자기들만이 중추적 역할을 담당할 것이라고 주장합니다. 그러므로 하나님의 말씀은 이단들은 성경을 억지로 풀고 있으며, 교묘하게 풀어서 가르친다고 말합니다. 그들은 자신의 집단을 따르게 하려고 어그러진 말을 사용하여 가르치는 자들입니다. 그러므로 성경을 인용한다고 해서 정통이 되는 것은 아닙니다.

"또 그 모든 편지에도 이런 일에 관하여 말하였으되 그 중에 알기 어려운 것이 더러 있으니 무식한 자들과 굳세지 못한 자들이 다른 성경과 같이 그것도 억지로 풀다가 스스로 멸망에 이르느니라, 이에 숨은 부끄러움의 일을 버리고 속임으로 행하지 아니하며 하나님의 말씀을 혼잡하게 하지 아니하고 오직 진리를 나타냄으로 하나님 앞에서 각 사람의 양심에 대하여 스스로 추천하노라, 여러분은 자기를 위하여 또는 온 양 떼를 위하여 삼가라 성령이 그들 가운데 여러분을 감독자로 삼고 하나님이 자기 피로 사신 교회를 보살피게 하셨느니라 내가 떠난 후에 사나운 이리가 여러분에게 들어와서 그 양 떼를 아끼지 아니하며 또한 여러분 중에서도 제자들을 끌어 자기를 따르게 하려고 어그러진 말을 하는 사람들이 일어날 줄을 내가 아노라 그러므로 여러분이 일깨어 내가 삼 년이나 밤낮 쉬지 않고 눈물로 각 사람을 훈계하던 것을 기억하라"(벧후 3:16, 고후 4:2, 행 20:28-31)

둘째로 우리는 이단을 인격적으로 진단해 보아야 합니다

그들에게는 거짓 선생과 거짓 선지자와 흉악한 이리가 활동하고 있습니다.

"내가 떠난 후에 사나운 이리가 여러분에게 들어와서 그 양 떼를 아끼지 아니하며"(행 20:29)

그러므로 예수님은 그들은 이성 없는 짐승으로 비유합니다. 그들은 삯꾼 목자와 물 없는 구름이며, 물 없는 샘이며, 유리하는 빛이며, 못된 나무이며, 열매 없는 가을 나무이며, 암세포와 같은 존재들입니다. 암세포는 몸에서 필요 없는 세포인데 자꾸만 늘어나는 것이 문제입니다. 그러므로 이단들은 교회에 악영향을 미치는 암세포와 같은 존재들입니다. 모양은 비슷하지만 그들의 주장은 완전히 잘못되어 있습니다.

"거짓 선지자들을 삼가라 양의 옷을 입고 너희에게 나아오나 속에는 노략질하는 이리라"(마 7:15)

셋째로 우리는 이단을 그들의 행위와 사역을 통해서 진단해 보아야 합니다

이단들은 아주 사특하며 간교하게 접근합니다. 그러므로 성경은 그들을 향하여 "가만히 들어온 거짓 형제들"이라고 말합니다. 그들은 가만히 들어와 굳세지 못한 형제들을 유혹합니다.

"그러나 백성 가운데 또한 거짓 선지자들이 일어났었나니 이와 같이 너희 중에도 거짓 선생들이 있으리라 그들은 멸망하게 할 이단을 가만히 끌어들여 자기들을 사신 주를 부인하고 임박한 멸망을 스스로 취하는 자들이라, 음심이 가득한 눈을 가지고 범죄하기를 그치지 아니하고 굳세지 못한 영혼들을 유혹하며 탐욕에 연단된 마음을 가진 자들이니 저주의 자식이라"(벧후 2:1, 14)

이단들은 탐심을 가지고 불의의 삯을 사랑하여 경건을 이익의 재료로 삼는 자들입니다.

"그들이 탐심으로써 지어낸 말을 가지고 너희로 이득을 삼으니 그들

의 심판은 옛적부터 지체하지 아니하며 그들의 멸망은 잠들지 아니하느니라"(벧후 2:3)

이단들은 호색을 하고 더러운 정욕을 따라 행하며 남녀관계가 혼란스럽습니다.

"여럿이 그들의 호색하는 것을 따르리니 이로 말미암아 진리의 도가 비방을 받을 것이요, 특별히 육체를 따라 더러운 정욕 가운데서 행하며 주관하는 이를 멸시하는 자들에게는 형벌할 줄 아시느니라 이들은 당돌하고 자긍하며 떨지 않고 영광 있는 자들을 비방하거니와"(벧후 2:2, 10)

이단들은 대부분 부정직하여 이중적 인격을 소유하고 있습니다. 사기성이 농후하고 은폐성이 지나쳐서 그들은 지어낸 말을 잘합니다.

"그들이 탐심으로써 지어낸 말을 가지고 너희로 이득을 삼으니 그들의 심판은 옛적부터 지체하지 아니하며 그들의 멸망은 잠들지 아니하느니라"(벧후 2:3)

이단들은 매우 열성적인 특성이 있습니다. 지도자와 집단에 대한 열심히 대단합니다. 그러므로 자신들의 세력 확장을 위하여 강한 전도열을 가지고 있습니다.

"그들이 너희에게 대하여 열심 내는 것은 좋은 뜻이 아니요 오직 너희

를 이간시켜 너희로 그들에게 대하여 열심을 내게 하려 함이라"(갈 4:17)

이단들은 특별히 가정을 파괴합니다. 이단들은 매우 배타적이며, 엘리트의식이 강하고, 선민의식이 강합니다. 그들은 독선적인 주장을 하며, 교회의 역사를 무시하고, 신학교육과 기존 성직 제도를 무시하는 경향이 있습니다.

"그들의 입을 막을 것이라 이런 자들이 더러운 이득을 취하려고 마땅하지 아니한 것을 가르쳐 가정들을 온통 무너뜨리는도다"(딛 1:11)

이단들의 지도자의 심리상태는 박해망상과 과대망상 증세를 가지고 있습니다. 그들의 지도자는 교주에 대한 충성을 요구하고, 권위주의적이며, 지도자를 신격화시킵니다. 그들은 교인들의 생활을 컨트롤하거나 조종하려 듭니다.

이단들은 자기 집단이 역사상 중심적 역할을 한다고 믿습니다. 그들은 자신들을 추종하는 사람들을 성숙한 사람이 되거나 독립하게 하는 대신에 사추기 상태로 유지하려 합니다. 그들은 자기들에게서 이탈하면 폭력을 사용하기 때문에 우리는 그들을 잘 분별해야 합니다. 그러므로 만약 그들이 기적을 행한다고 하더라도 그들의 기적을 있는 그대로 받아들이지 말아야 합니다. 비록 기적을 행하더라도 그들이 참된 진리를 가지고 있는 것이 아님을 알아야 합니다.

"거짓 그리스도들과 거짓 선지자들이 일어나 큰 표적과 기사를 보여

할 수만 있으면 택하신 자들도 미혹하리라, 그 날에 많은 사람이 나더러 이르되 주여 주여 우리가 주의 이름으로 선지자 노릇 하며 주의 이름으로 귀신을 쫓아 내며 주의 이름으로 많은 권능을 행하지 아니하였나이까 하리니 그 때에 내가 그들에게 밝히 말하되 내가 너희를 도무지 알지 못하니 불법을 행하는 자들아 내게서 떠나가라 하리라"(마 24:24, 7:22-23)

이단들은 기독교의 교리를 설명하는 용어들을 동일하게 사용하지만 그들의 해석은 각각 다르며, 우리와는 전혀 다른 의미로 사용합니다. 그러므로 구원파에서는 기도는 성경이 기록될 당시까지만 한다고 주장합니다. 그들은 마음으로 생각하는 것이 바로 기도라고 주장합니다. 그들은 성도의 교제가 바로 예배라고 주장합니다. 몰몬교는 중생과 거듭남이란 용어를 사용하지만, 우리와는 전혀 다른 의미로 사용합니다.

+ 이단이 생기게 된 배경은 무엇일까요?

이단들은 기독교의 진리를 자신들의 편의에 맞추어 이용하는 집단입니다. 그러므로 그들은 하나님의 속성 중의 하나만 지나치게 강조합니다. 예를 들어, 여호와 증인들은 하나님의 사랑을 강조하여 지옥을 부인합니다. 그러나 하나님의 속성 중에 사랑과 공의, 거룩함과 정의 등 조화가 필요합니다. 이단들은 사람들이 좋아하는 종교를 만들려고 노력합니다. 참된 진리보다는 사회적 욕구 충족에 열을 올립니다. 그들은 정통교회와의 교제를 거부하고 파당을 짓습니다. 그들은 사람들에게 이성적으로 납득이 되는 교리를 전파하려고 노력합니다. 그러나 가장 중요한 것은 마귀 사탄이 역사하여 이단이 등장하게 되었다는 것입니다. 마귀 사탄은 이단을 만들어 믿음을 부인하고 진리를 부패시킵니다. 불신자는 하나님의 원수이지만 사랑의 대상입니다. 하지만 이단은 반역자로서 심판의 대상입니다.

+ 이단들은 구원받는 방법이 다릅니다

몰몬교는 율법과 복음의 법도를 순종하면 구원에 이른다고 가르칩니다. 침례는 천국에 들어가는 문이며, 죽은 자를 위한 대리 침례가 있고, 아담 이후에 살았던 대부분의 성인은 예수 믿지 않고 악하게 살았어도 천상왕국에 들어간다고 주장합니다.

통일교는 하나님은 양이요 우주는 음이며, 그리스도는 재림주로 극동에 있는 나라 한국에 온다고 주장합니다. 성령은 여성적인 영으로서 죄를 깨끗하게 한다고 주장합니다. 참 아버지와 참 어머니가 있어 타락한 자녀들에게 중생을 주어야 한다고 주장합니다. 아담과 하와는 천사장 루시퍼의 유혹으로 불륜의 사랑에 빠졌다고 주장합니다. 사탄이 악의 원천이며, 세상의 종교들은 원래의 선을 회복하기 위해 하나님이 사용하는 도구라고 가르칩니다. 결혼은 지상천국을 이루는 가장 중요한 수단이며, 인류의 참 부모를 영접함으로 원죄가 제거된다고 가르칩니다. 영체의 부활은 있으나 육체의 부활은 없다고 가르칩니다. 사명을 완수 못한 영의 사람은 땅의 사람으로 윤회 된다고 가르칩니다.

여호와 증인은 하나님의 이름은 여호와이며, 예수 그리스도는 아버지와 하나가 아니라고 가르칩니다. 성령은 인격체가 아닌 하나님의 힘이며, 예수님은 피조물이며, 바로 미가엘이 예수님이라고 가르칩니다. 아담은 죽어 흙으로 돌아가지 않고 무 존재로 돌아갔으며, 예수님은 육으로 부활하지 않았으며, 영으로 부활했다고 가르칩니다. 악인의 지옥 심판은 없으며, 죽은 사람의 영혼은 무로 돌아간다고 가르칩니다.

베뢰아의 성락교회는 아담 이전의 인간 창조와 아담 이후의 인간 창조로 구분합니다. 성령을 받으면 천사를 받는다고 가르칩니다. 성령을 받으면 구원을 받는 것이 아니라 권능을 받는다고 가르칩니다. 구약에는 구원이 없고, 신약에만 구원이 있다고 가르칩니다. 예수님만 육체로 부활했고, 다른 사람은 영이 바로 육체로 변화된다고 가르칩니다.

구원파는 하나님은 교회를 예정하셨고, 개인은 예정하지 않았다고 가르칩니다. 예수님을 영접하거나 만남으로 구원받는 것이 아니라 죄 사함을 깨달음으로 구원받는다고 가르칩니다. 지, 정, 의로 하나님을 알 수 없고, 오직 영으로 양심의 해방을 받는다고 가르칩니다. 2천 년 역사상 교회의 비밀이 처음으로 구원파에서 깨달아진다고 가르칩니다. 기도, 찬양, 예배가 결여되고, 교제하기 위해서만 모임을 합니다. 하나님은 인간을 사랑할 수는 있지만, 인간은 하나님을 사랑할 수 없다고 말하며, 교인들끼리 서로 사랑하기만 하면 된다고 가르칩니다.

그러므로 이단들이 가르치는 구원은 가짜입니다.

6.
행함이 없는 믿음은
가짜 구원이다

　교회를 다니는 있는 사람 중에 예수님을 믿으면 구원을 받는다는 것은 대부분 다 알고 있는 사실입니다. 하지만 그중에 많은 사람이 예수님을 믿는 것이 무엇을 의미하는지 모르고 있습니다. 단지 막연하게 예수님을 믿으면 구원을 받는다고 알고 있을 뿐입니다. 그래서 믿음 중에서도 잘못된 거짓 믿음이 있다는 것을 알아야 합니다. 이단들도 대부분 하나님을 믿는다고 말합니다. 그래서 성경은 잘못된 거짓 믿음이 있다는 것을 명확하게 밝히고 있습니다.

"이와 같이 행함이 없는 믿음은 그 자체가 죽은 것이라, 아아 허탄한 사람아 행함이 없는 믿음이 헛것인 줄을 알고자 하느냐"(약 2:17, 20)

우리는 무엇이 거짓 믿음이며, 무엇이 구원을 받을 수 있는 참된 믿음인지 바로 알아야 합니다.

+ 일시적인 거짓 믿음

일시적인 믿음은 거짓 믿음입니다. 이것은 말씀을 들을 때에는 일시적으로는 받아들이지만, 그 말씀이 결실을 이루지 못하는 것입니다. 예수님은 이 사실을 씨 뿌리는 자의 비유를 통하여 설명하셨습니다.

"길 가에 있다는 것은 말씀을 들은 자니 이에 마귀가 가서 그들이 믿어 구원을 얻지 못하게 하려고 말씀을 그 마음에서 빼앗는 것이요 바위 위에 있다는 것은 말씀을 들을 때에 기쁨으로 받으나 뿌리가 없어 잠깐 믿다가 시련을 당할 때에 배반하는 자요"(눅 8:12-13)

이 말씀에서 '잠깐 믿다가'라는 말은 일시적으로만 믿는 것을 뜻합니다. 또한 이 믿음은 구원을 위해서 자신을 의지하고, 이 세상에서 필요한 복을 얻기 위해서 예수님을 의지하는 것을 나타냅니다. 「전도 폭발」의 제임스 케네디는 이 점에 대해 자세히 설명합니다.

"구원 얻는 믿음 같으면서도 실상은 전혀 다른 믿음이 있는데 그것은 바로 영생을 위해서는 자기 자신을 의지하면서도 일시적인 복, 혹은 현세적인 복을 위해서는 주님을 신뢰하는 믿음입니다. 이것을 구별하기란 어려운 일이나 우리는 그것을 구별할 필요가 있습니다. 그것은 영원한 복과 영원한 화를 구별하는 일입니다. 루터를 한번 생각해보십시오. 구원받기 전에 그는 하나님을 믿고 있었습니다. 그가 로마로 순례의 길을 떠날 때 그는 안전과 숙식과 건강을 위해서 주님을 의지하지 않았을까요? 분명히 그는 의지했습니다. 그와 마찬가지로 존 웨슬리도 영국에서 신세계의 선교임지로 떠날 때 그의 안전을 주님께 맡겼습니다. 그럼에도 불구하고 이들은 지상에서 천국으로 가는 길의 안전을 위해서 자기 자신을 신뢰하고 있었습니다. 죄인이 믿음으로 의롭다 하심을 받는다는 사실의 진리를 알고 믿기 오래전에 그들은 믿음을 안전한 여행을 할 수 있다는 진리에 대해서 알고 믿었습니다."

+ 하나님의 존재를 믿는 거짓 믿음

하나님이 살아 계신 것을 믿는 것은 구원 얻는 참 믿음은 아닙니다. 이 세상에는 신은 없다고 믿는 무신론자들이 많지만, 하나님의 존재를 믿는다고 해도 그것이 모두 구원을 얻는 참된 믿음은 아닙니다. 왜냐하면 마귀 사탄도 하나님이 살아 계신다는 사실을 믿기 때문입니다. 그러면 마귀도 구원을 받았을까요? 그래서 성경은 분명하게 말씀합니다.

"내가 하나님은 한 분이신 줄을 믿느냐 잘하는 도다 귀신들도 믿고 떠느니라"(약 2:19)

예수님 당시에도 많은 사람이 예수님이 어떤 분이신 줄 알아보지 못했지만 귀신들린 사람들은 예수님을 알아보았습니다. 다음의 말씀들은 의심할 나위 없는 성경의 이야기들입니다.

"나사렛 예수여 나는 당신이 누구인줄 아오니 하나님의 거룩한 자니이다"(막 1:23-24, 마 8:29, 막 5:1-7, 눅 4:33-36).

그러나 그들은 하나같이 고백하기를 "나와 당신이 무슨 상관이 있나이까?"라고 말했습니다. 예수님을 하나님의 아들이라고 믿어도 그 믿음은 예수님과 아무런 상관이 없다는 것입니다.

+ 현세적인 거짓 믿음

현세적인 믿음은 구원 얻는 참믿음이 아닙니다. 현세적인 믿음은 이 세상에서 세상적인 것들을 얻기 위해서 주님을 신뢰하는 것을 말합니다. 영생이나 천국의 소망에는 관심이 없고, 이 세상에서 병을 낫게 하려고, 축복을 많이 받아서 부자가 되려고, 마음이 외로워서 마음이나 달래 보려고 믿는 것입니다. 그러나 그러한 믿음은 참된 믿음이 아닙니다.

✛ 지식적인 동의의 거짓 믿음

지식적인 동의의 믿음은 구원 얻는 참믿음이 아닙니다. 그래서 「전도폭발」의 제임스 케네디는 이 점에 대해 이렇게 설명했습니다.

"신학자들은 믿음의 3요소를 지식, 동의, 신뢰로 정확히 지적했습니다. 우리는 어떤 것을 지식적으로는 알고 있으면서도 그것에 동의하지 않을 수가 있습니다. 예를 들면, 그리스도가 오늘날 인도에 사는 어떤 사람의 몸을 입고 이 세상에 왔다고 가르치는 사람이 있습니다. 저자는 이들의 가르침에 대해서 알고는 있지만, 그것에 동의하지는 않습니다. 또한 수많은 역사적 사실들에 대해서 지식적으로 알고 있고 또한 그것들에 동의하면서 아직 그것들에 대하여 신뢰하지 않는 사람이 있을 수 있습니다. 우리는 알렉산더 대제에 대해서 알고 있고 또 그의 정복 전쟁들에 관한 역사적인 기록에 대해서 동의하고 있습니다. 더 나아가서 우리는 그가 군사전략의 천재였다는 데에도 동의합니다. 그러나 알렉산더가 자기를 위해 뭔가를 해줄 수 있을 것으로 믿는 사람은 아무도 없기를 바랍니다. 그것은 어리석은 일일 것입니다. 그러므로 지식과 동의에 루터가 말한 신뢰가 따라야 합니다."

지식적인 동의는 구원 얻는 믿음이 아닙니다. 물론 믿음은 올바른 지식에서 출발합니다. 그러나 머리로 아는 것만 가지고 구원을 받는 것이 아닙니다. 당신은 올바른 믿음을 가지고 구원을 받았습니까? 아니면 당신이 가진 믿음은 구원을 얻지 못하는 거짓 믿음은 아닌가요?

+ 행함이 없는 거짓 믿음

구원을 받지 못하는 거짓 믿음은 행함이 없는 믿음입니다. 성경은 이 부분에 대해 상당히 명확하게 말씀합니다.

"내 형제들아 만일 사람이 믿음이 있노라 하고 행함이 없으면 무슨 유익이 있으리요 그 믿음이 능히 자기를 구원하겠느냐, 아 허탄한 사람아 행함이 없는 믿음이 헛것인 줄을 알고자 하느냐, 영혼 없는 몸이 죽은 것 같이 행함이 없는 믿음은 죽은 것이니라"(약 2:14, 20, 26)

여기서 '사람이 믿음이 있노라 하고'라는 의미가 무엇일까요? 우리 주위에 교회를 다니는 사람들 가운데 본인은 구원을 받았다고 말하며 믿음이 있다고 말하지만, 그 사람의 삶을 살펴보면 전혀 변화가 없고 행함이 없는 사람이 있습니다. 그런 사람은 참된 구원을 받은 사람이 아니라 가짜 구원입니다. 왜냐하면 야고보는 '그 믿음이 능히 자기를 구원하겠느냐 아아 허탄한 사람아'라고 말하고 있기 때문입니다. 그러므로 행함이 없는 것은 참된 믿음이 아닙니다. 행함이 없으면 믿음도 없습니다.

그래서 존 맥아더는 그의 책 「구원이란 무엇인가」에서 찰스 라이리의 글을 인용합니다(P. 226).

"행함이 없고 죽은 가짜 믿음이 인간을 구원할 수 있을까요? 야고보는 우리가 행함으로 구원을 얻는다고 말하지 않습니다. 다만 선한 행함을 낳지 않는 믿음이 죽은 믿음이라고 말하고 있는 것입니다. 열매를 맺지 못하는 믿음은 영혼을 구원할 수 없습니다. 그런 믿음은 참된 믿음이 아니기 때문입니다."

계속해서 존 맥아더는 반스의 글을 인용합니다(P. 227).

"야고보는 참된 믿음이 있다면 언제나 선한 행함이 따라온다고 주장합니다. 그리고 사람을 의롭게 하고 구원할 수 있는 것은 오직 그 믿음뿐이라고 주장합니다. 실질적인 삶의 거룩함으로 이끌지 못한다면 그 믿음은 조금도 가치가 없습니다."

계속해서 존 맥아더는 루터의 글을 인용합니다(P. 355-358).

"믿음은 즉시 사람을 새롭게 하고 거듭나게 합니다. 그리고 사람을 완전히 새로운 삶의 방식과 특징으로 이끌고 갑니다. 그래서 참된 믿음이 있는 사람은 계속해서 선한 일을 하지 않고는 견딜 수 없게 되는 것입니다. 나무가 열매를 맺는 것처럼 당연히 믿음은 선한 행위를 낳습니다.

나무에게 열매를 맺으라고 명령하는 것이 전혀 불필요한 일이듯이 믿는 자에게도 선한 일을 하라고 촉구할 필요가 없습니다. 믿는 자는 저절로, 자유롭게, 자발적으로 선한 일을 하기 때문입니다. 그것은 아무 명령이 없어도 잠을 자고 먹고 마시며 옷을 입고 듣고 말하며 가고 오는 것과 같은 이치입니다. 이 믿음이 없는 사람은 단지 믿음과 행위에 대해 헛된 말만 할 뿐입니다. 사람이 행위로 선해지는 것이 아니라 선한 행위로 거짓 믿음과 참된 믿음의 차이를 입증해야 합니다. 믿음이 참이라면 언제나 그 믿음은 선을 행하기 때문입니다. 만일 믿음이 선을 행하지 않으면 그 믿음은 분명 헛되고 거짓된 것입니다. 행함에 대해 언급한 성경의 모든 단락은 하나님이 행함을 통해 믿음 안에서 받은 선함을 입증하며 다른 사람에게 유익을 끼치기를 원하신다는 것을 보여 줍니다. 그것을 통해 거짓 믿음이 드러나고 뿌리째 제거될 수 있도록 말입니다. 우리가 행함이 없다면 우리는 자신의 믿음이 참인지 아닌지 알 수 없습니다. 행함이 따라오지 않는 곳에는 오직 공허한 생각과 꿈만 있을 뿐 믿음이 없다는 확실한 증표입니다. 그러나 사람들은 그것을 믿음이라고 거짓되게 부릅니다. 행함은 당연히 믿음이 따라오기 때문에 행함을 명령할 필요는 없습니다. 명령을 받지 않아도 믿음은 행함을 하게 되어 있습니다. 그래서 우리는 거짓 믿음과 참된 믿음을 구별할 수 있게 되는 것입니다."

계속해서 존 맥아더는 칼빈의 글을 인용합니다(P. 358-361).

"믿음과 행함이 얼마나 분리할 수 없을 만큼 밀접히 연결되어 있는지 알고자 한다면 그리스도를 바라보아야 합니다. 완전함과 거룩함을 향한 열정이 일어나지 않는 곳에는 그리스도의 영도, 그리스도도 없습니다. 또한 그리스도가 계시지 않는 곳에는 의도, 믿음도 없습니다. 인간의 마음속에는 허영을 위한 자리가 너무 많습니다. 거짓을 위한 은신처가 너무 많습니다. 기만과 위선의 수의를 너무 단단히 입고 있습니다. 그래서 종종 인간의 마음은 스스로를 기만합니다. 외형뿐인 믿음 안에서 영광을 누리는 자들은 사탄보다 조금도 나을 것이 없다는 것을 그들이 알아야 합니다."

계속해서 존 맥아더는 스펄전의 글을 인용합니다(P. 369-370).

"그리스도를 기꺼이 구주로 받아들이는 것처럼 보이지만 주님으로는 받아들이지 않으려는 사람들이 있습니다. 믿음을 행함으로 입증하지 않으면서 그리스도를 믿는다고 말만 하는 자들이 있다는 것은 얼마나 슬픈 일일까요? 나는 진정으로 그리스도를 구주로 영접하지만, 주님으로는 받아들이지 않는 것이 가능하다고 생각하지 않습니다. 구속받은 영혼이 가장 먼저 보여 주는 태도는 구주의 발아래 엎드리는 것입니다. 그리고 감사와 경배를 드리며 이렇게 부르짖는 것입니다.

'찬양받으실 주님이시여, 당신의 보혈로 사셨으니 이제 저는 당신의 소유입니다. 오직 당신의 것입니다. 영원히 당신의 것입니다. 제가 당신을 위해 무엇을 하기를 원하십니까?'

그리스도가 우리의 왕이 아니라면 그리스도를 구주로 받아들이는 것은 불가능합니다. 구원의 매우 많은 부분이 우리를 다스렸던 죄의 지배에서 구원받는 것에 있기 때문입니다. 또한 우리가 사탄의 지배에서 구속받을 수 있는 유일한 길은 그리스도의 지배에 복종하는 것뿐입니다. 죄를 용서받았지만 예전처럼 살아간다면 그는 진정으로 구원받은 자가 아닙니다."

계속해서 존 맥아더는 아이언사이드의 글을 인용합니다(P. 379).

"아마도 이렇게 묻는 사람이 있을 것입니다.
'내가 죄 속에 계속 살아도 여전히 구원받은 자가 될 수 있지 않습니까?'
전혀 그렇지 않습니다. 천만의 말씀입니다. 한 사람이 복음을 믿는 순간 그는 거듭납니다. 그리고 새로운 생명과 본질을 받습니다. 그것은 죄를 미워하고 거룩함을 사랑하는 본질입니다. 당신이 예수님께 나와 믿음을 드린 사람이라면 자신 안에서 선을 향한 새로운 갈망, 거룩함을 추구하는 갈망, 의를 향한 목마름을 발견하지 않습니까? 이 모든 것이 새로운 본질을 소유했다는 증거입니다."

계속해서 존 맥아더는 토저의 글을 인용합니다(P. 387).

"그리스도를 구주로 고백했지만, 삶에서 그리스도를 주님으로 인정하며 완전한 순종을 드리도록 인도하지 않는다면 그 믿음은 결코 참된 믿음이라고 할 수 없으며 결국에는 고백한 자를 배반합니다. 믿는 자는 순종합니다. 순종하지 않는 것은 참된 믿음이 아니라는 분명한 증거입니다. 참된 회개가 있는 곳에 순종이 있습니다. 회개가 과거의 실패와 죄에 대한 슬픔일 뿐만 아니라 이제부터 하나님이 보여 주시는 대로 그분의 뜻을 행하기로 결단하는 것이기 때문입니다."

계속해서 존 맥아더는 아서 핑크의 글을 인용합니다(P. 388-389).

"구원의 믿음은 내 전 존재와 생명을 나에 대한 하나님의 주장과 권리에 완전히 내어 드리는 것으로 이루어져 있습니다. 그것은 그리스도의 뜻에 엎드리고 그분의 멍에를 받으며 자신의 절대적인 주님으로 그리스도를 주저 없이 받아들이는 것입니다. 오, 죄인들에게 그리스도를 개인적인 '구주'로 받아들이라고 구걸하는 현대의 방식은 신약의 기준에서 얼마나 멀리 떨어져 있는 것입니까? 신약에서 예수 그리스도가 소개될 때 항상 구주보다는 주인이라는 말이 먼저 나온다는 것을 알 수 있습니다. 순서가 바뀌는 경우는 한 번도 없습니다.

"마리아가 가로되 내 영혼이 주를 찬양하며 내 마음이 하나님 내 구주를 기뻐하였음은, 이같이 하면 우리 주 곧 구주 예수 그리스도의 영원한 나라에 들어감을 넉넉히 너희에게 주시리라, 만일 저희가 우리 주 되신 구주 예수 그리스도를 앎으로 세상의 더러움을 피한 후에 다시 그 중에 얽매이고 지면 그 나중 형편이 처음보다 더 심하리니, 오직 우리 주 곧 구주 예수 그리스도의 은혜와 저를 아는 지식에서 자라가라 영광이 이제와 영원한 날까지 저에게 있을지어다."(눅 1:46-47, 벧후 1:11, 2:20, 3:18)"

참된 믿음과 거짓 믿음은 어떻게 구별할까요?

장두만 박사는 「성침논단」의 논문에서 이것을 구별하는 세 가지 방법을 소개합니다(P. 23-24)

"첫째, 참된 믿음은 열매로 알게 됩니다. 거짓 믿음은 열매를 맺지 못하지만 참된 믿음은 내재하시는 성령의 능력으로 열매를 맺게 됩니다. 예수를 믿고 구원을 받았다고 고백을 하지만 아무런 변화의 열매가 없다면 그 믿음은 참된 믿음이 아닙니다.

둘째, 한 사람이 예수 그리스도를 전인격적으로 믿으면 바로 그 직후부터 변화의 열매가 나타납니다. 예수를 전인격적으로 믿고 구원받으면 분명한 변화의 증거가 있다는 것은 교파 관계없이 모든 학자들이 이구동성으로 주장하고 있습니다. 장로교의 대표적인 신학자 가운데 한 명이었던 찰스 하지도 중생은 '영적 죽음에서 영적인 생명으로 옮겨가는 즉각적인 변화'라고 했고, 또 다른 장로교 신학의 대표자 중 한 사람인 위필드도 유사한 주장을 하고 있습니다. '중생이란 성령 하나님의 역사로 인해 영혼 속에 일어나는 근본적이고 완전한 변화입니다.' 침례교 신학자인 스트롱은 다음과 같이 말하고 있다. '중생은 즉각적인 변화입니다. 중생은 점진적으로 서서히 이루어지는 일이 아닙니다.'

셋째, 한 사람이 참으로 거듭나면 경험하는 변화에는 두 종류가 있습니다. 즉, 내적인 변화와 외적인 변화입니다. 내적인 변화는 구원을 받으면 즉각적으로 일어나는 변화요, 외적인 변화는 즉각적인 경우도 있고 점진적으로 이루어지는 경우도 있습니다. 성경은 진정으로 거듭난 신자가 내주하시는 성령의 능력으로 인해 경험하는 내적인 변화에 대해 분명하게 가르치고 있습니다."

밀라드 에릭슨은 그의 저서 「구원론」에서 가짜 구원을 분별하는 법을 소개합니다 (P. 264-265)

"성경은 신앙을 외적으로 고백하는 모든 사람들이 참된 구원을 받은 사람으로 정당화하지 않고 있습니다. 예수님은 양의 가죽을 입고 왔으나 이리의 탐욕을 가진 거짓 선지자들에 대해서 경고합니다(마 7:15). 그들은 그들의 말로서가 아니라 그들의 열매로써 평가되어야만 합니다(마 7:16-20). 심판 날에 그러한 사람들도 주님을 '주여 주여'라고 부를 것이며, 예언했다고 귀신을 쫓아냈다고 주님의 이름으로 능력을 행했다고 주장할 것입니다(마 7:22). 그러한 모든 주장은 아마 사실일지도 모릅니다. 그러나 하나님의 나라에 들어갈 이들은 이들이 아니요 오히려 아버지의 뜻을 행한 이들입니다(마 7:21). 그러한 가짜 신자들에 대한 예수님의 최종 선언은 '내가 너희를 도무지 알지 못하니 불법을 행하는 자들아 내게서 떠나가라'(마 7:23)인 것입니다. 씨 뿌리는 자의 비유는 겉으로 보기에 참믿음으로 여겨지는 것이 사실은 아주 다른 것이 될 수도 있다는 또 다른 지적입니다(마 13:1-9, 18-23). 지금까지의 내용을 고려해볼 때 예수님께서는 신자인 것으로 보이는 모든 사람을 참으로 신자라고 여기시지는 않았다는 것은 분명합니다. 그러므로 신앙생활을 하다가 후에 타락한 이들은 처음부터 결코 구원받지 못했다는 것이 우리의 결론입니다."

그러므로 우리는 거짓 믿음을 분별하고 상대방이 참된 믿음으로 예수 그리스도를 믿을 수 있도록 도와주어야 합니다.

7.
종교생활은 가짜 구원이다

우리가 하나님을 믿는 것을 수많은 종교 중의 하나로 여기며, 우리의 신앙생활을 하나의 종교 생활로 여기려는 사람들이 있습니다. 하지만 기독교는 인간이 만든 종교가 아니며, 그리스도인의 신앙생활도 종교 생활이 아닙니다. 그러므로 진짜 참된 구원을 받고 변화된 삶을 살아가려면 무엇보다도 참된 기독교와 인간이 만든 종교를 구분할 수 있어야 합니다. 그러므로 우리의 신앙생활은 단순한 종교생활이 아니라 복음으로 말미암아 하나님의 말씀을 살아내고, 풍성한 삶을 살아내는 것입니다. 사실 종교라는 단어는 성경에서 단지 다섯 번 사용되고 있을 뿐입니다. 그러므로 종교의 문자적 의미는 이런 뜻입니다.

"속박하다, 강제하다, 비통하게 하다, 근심하게 하다. 놀라게 하다"

그러므로 종교라는 단어는 언제나 형식주의와 의식주의와 관련해서 사용되었습니다. 그러므로 하나님을 믿는 신앙생활과는 전혀 어울리지 않는 것이 종교 생활입니다.

따라서 이안 토마스는 종교 생활을 하는 사람들을 이렇게 설명했습니다.

"종교 생활을 하는 것은 너무나 지루한 삶입니다. 하지만 그리스도인으로 살아가는 것은 흥미진진한 삶입니다. 대부분의 사람은 이 둘의 차이를 발견하지 못합니다. 그러므로 너무도 많은 사람이 자신이 소유하지 못한 삶을 마치 소유한 것처럼 착각하며 살아갑니다. 그들은 하나님 대신에 종교를, 예수 그리스도 대신에 기독교를, 성령의 능력과 기쁨 대신에 자기의 고상한 노력을 더 중요하게 여깁니다. 그리스도인의 삶의 진수를 모르는 사람들은 자신의 빈곤을 인정하지 않으려고 하나님 아버지와 예수 그리스도와 성령님을 대신하여 종교와 의식에 고집스럽게 매달립니다. 그들은 기름 없는 등잔, 휘발유 없는 자동차, 잉크 없는 만년필처럼 능력의 근원을 상실했습니다. 그러므로 우리 자신을 움직이는 원동력은 바로 하나님이십니다. 피조물인 우리에게 창조주의 임재는 그야말로 살아가기 위한 필수요건입니다. 예수 그리스도는 우리를 위해 자신을 내어주셨습니다. 그러므로 예수 그리스도로 말미암아 하나님이 우리 안에 거하시게 되었습니다. 우리는 진짜 참된 구원을 받고 예수 그리스도의 생명으로 살아가는 것입니다."

그러므로 종교의 의미는 두려움과 근심으로 말미암아 드리는 의식적이고 형식적입니다. 종교는 이 땅의 가르침으로서 하나의 구속이요, 의무일 뿐입니다. 인간이 만든 종교는 일종의 형식적 규범과 의식으로 이루어져 있습니다. 종교가 주관하는 세계는 인간의 내면이 아니라 외부의 세계를 주관합니다. 그러므로 종교는 하나의 종교적 의식이요, 예배의 행사이며, 종교적인 행위입니다. 이러한 종교로는 우리에게 진짜 참된 구원과 풍성한 삶을 줄 수 없습니다. 종교는 진짜 참된 구원을 통해 주어지는 마음의 평화와 기쁨과 행복과 확신과 소망을 줄 수 없습니다. 하지만 예수님이 완성하신 십자가의 완전한 복음을 통해 진짜 참된 구원을 받은 그리스도인들은 예수님께서 자신 안에서 풍성한 삶을 이루어 주시는 것을 경험할 수 있습니다.

성경에서 이 종교라는 단어는 주로 예수님 당시에 소위 종교적으로 타락했던 유대교와 매우 밀접한 연관성을 가지고 있습니다. 그러므로 예수 그리스도를 십자가에 못을 박아 죽인 사람들은 다름 아닌 종교인들이었습니다. 세상에 있는 모든 종교의 치명적인 약점은 우리에게 진짜 참된 구원과 풍성한 삶을 줄 수 없다는 것입니다. 종교에는 참된 인격자가 되시는 하나님이 계시지 않기 때문입니다. 따라서 우리 예수님은 새로운 종교를 세우기 위해서 오신 것이 아니라 오직 완전한 복음을 통해 우리에게 진짜 참된 구원을 주심으로, 그 구원을 통해 변화된 삶을 주시기 위해서 오셨습니다. 예수님이 십자가에서 완성하신 완전한 복음은 우리에게 참된 변화와 우리를 하나님 앞으로 이끌어 서로 아름다운 관계를 맺게 하는 것입니다.

+ 인간이 만든 종교가 하는 일은 무엇일까요?

인간이 만든 종교는 인간의 행위를 강조합니다. 하지만 예수님이 완성하신 완전한 복음은 영원한 생명과 변화된 삶에 관심이 있습니다. 요한복음 3장에서 밤에 예수님을 찾아왔던 니고데모는 종교적으로 대단한 열정을 가지고 있었습니다. 하지만 우리 예수님은 그에게 구원을 통한 참된 생명이 없음을 발견하고 니고데모에게 새롭게 거듭나야 한다고 말씀하셨습니다.

바울 역시 예수 그리스도를 만나기 전에 엄격한 바리세파를 따르는 종교인으로 살았습니다. 그는 아그립바 왕 앞에서 자신의 종교 생활을 이렇게 증언합니다.

"내가 처음부터 내 민족과 더불어 예루살렘에서 젊었을 때 생활한 상황을 유대인이 다 아는 바라 일찍부터 나를 알았으니 그들이 증언하려 하면 내가 우리 종교의 가장 엄한 파를 따라 바리새인의 생활을 하였다고 할 것이라"(행 26:4-5)

바울은 누구보다도 열심히 종교 생활을 했지만, 다메섹 도상에서 부활하신 예수 그리스도를 만나고 나서야 참된 생명과 구원을 얻었고, 변화된 삶을 살아갈 수 있었습니다. 그러므로 인간이 만든 종교로는 단 한 사람이라도 구원을 받을 수 없습니다. 사실 이 세상에는 인간이 만든 수많은 종교가 존재합니다. 따라서 고대 바벨론 사람들도 종교를 가지고 있었습니다. 헬라 사람들도 종교를 가지고 있었습니다. 예수님과 바울 당시에도 종교를 가진 수많은 사람이 있었습니다. 하지만 그들에게도 예수님이 완성하신 완전한 복음이 전파되어야만 했습니다.

그렇다면 인간이 만든 종교는 언제 시작되었을까요? 인류의 조상 아담과 하와가 죄를 범한 후에 무화과나무 잎을 엮어 치마를 만들어 자신의 수치를 가리려고 했을 때 종교가 시작되었습니다.

"이에 그들의 눈이 밝아져 자기들이 벗은 줄을 알고 무화과나무 잎을 엮어 치마로 삼았더라"(창 3:7)

아담과 하와가 죄를 범한 순간 그들은 순수성을 잃어버리고, 동시에 자신들의 죄를 깨닫게 되었습니다. 하지만 그들은 하나님께로 나오기보다 자신들이 만든 종교를 의지하려 했습니다. 그들은 스스로의 행위를 의지하려 했습니다. 그들은 하나님께 용서와 자비를 구하기보다는 그들이 만든 무화과 나뭇잎으로써 그들의 죄와 수치를 가리려고 노력했습니다. 따라서 그들의 행위는 그들의 자손인 모든 인류에게 전가되어 사람들이 오늘날까지 종교적인 행위를 하고 있는 것입니다.

그러므로 오늘날 사람들은 본능적으로 그들이 벗었다는 사실과 무언가를 가리기 위해 무엇이 필요하다는 사실을 느끼고 있습니다. 하지만 그들은 죄로 말미암아 타락하여 눈먼 상태에 있기 때문에 예수님이 완성하신 완전한 복음으로 나오지 않습니다. 그들은 스스로의 노력으로 가릴 것을 찾고 있습니다. 따라서 인간은 창조주 앞에 부끄러움 없이 서기 위해 자신들에게 힘이 될 어떤 것을 끊임없이 찾고 있습니다. 인간은 구제할 수 없을 정도로 종교적입니다. 사실 모든 인간은 절대자의 존재를 의식하고 있습니다. 자신을 감찰하고 있는 심판자가 있다는 사실을 감지하고 있습니다. 그들은 자신들이 죄책감을 느끼며, 자신들이 더럽혀져 있다는 사실을 알고 있습니다.

그러므로 사람들은 자신의 양심에서 들려오는 소리를 그치게 하려고 종교적인 열심과 희생으로 그 자신의 죄를 가리기 위해 온갖 노력을 다하고 있습니다. 이 세상 어디에서나 사람들은 자신의 수치를 가리기 위해 사람들이 만든 종교를 이용하고 있습니다. 자신들의 벌거벗은 몸을 가리기 위해 무화과 나뭇잎을 엮는 행동을 계속하고 있습니다.

그런데 아담과 하와의 그러한 행동은 자신들에게 아무런 도움을 주지 못했습니다. 무화과나무 잎으로 그들의 몸의 일부를 가릴 수 있었겠지만, 죄로 물든 마음속의 고통을 치유할 수 없었습니다. 에덴동산에 거니시는 하나님께서 그들에게 나타나셨을 때 그들은 두려움으로 떨고 있었습니다. 그들은 하나님을 피하여 숨고 말았습니다. 결국 그들의 종교적인 행위는 그들을 구원해주지 못했습니다. 그러므로 그들에게는 그 이상의 다른 것이 필요했습니다. 그래서 하나님께서는 가죽옷을 만들어 그들에게 찾아오셨습니다.

"여호와 하나님이 아담과 그의 아내를 위하여 가죽옷을 지어 입히시니라"(창 3:21)

무화과나무 잎은 그들에게 아무런 쓸모가 없었기 때문입니다. 그래서 하나님께서는 다른 길을 보여 주셨습니다. 우리 하나님께서는 인간을 구원할 수 있는 완벽한 복음, 완전한 복음을 만드셨습니다. 그러므로 참된 구원은 우리 하나님께 속하여 있습니다. 결코 사람에게 속하지 않았다는 것을 알아야 합니다. 우리 하나님께서 희생제물을 준비하셨기 때문입니다. 그러므로 우리는 진짜 참된 구원은 죄 없는 희생제물을 통해서 이루어진다는 사실을 알아야 합니다. 진짜 참된 구원은 피를 흘림으로써만 이루어진다는 사실을 알아야 합니다. 결국 하나님께서는 이런 모든 조건을 만족시킬 수 있는 예수님을 이 세상에 보내 주셨습니다. 그분이 바로 흠이 없으시고, 거룩하신 하나님의 어린양이십니다. 그분이 세상에 오셔서 하나님의 모든 조건을 충족시켰습니다. 그분은 하나님이 우리에게 보내신 선물이었습니다.

"하나님이 세상을 이처럼 사랑하사 독생자를 주셨으니 이는 그를 믿는 자마다 멸망하지 않고 영생을 얻게 하려 하심이라 하나님이 그 아들을 세상에 보내신 것은 세상을 심판하려 하심이 아니요 그로 말미암아

세상이 구원을 받게 하려 하심이라"(요 3:16-17)

우리 예수님은 죄가 없는 희생제물의 죽음으로만 진짜 참된 구원이 이루어진다는 사실을 보여주셨습니다. 그러므로 그분은 죄가 없었습니다. 그분은 어떠한 죄라도 찾을 수가 없는 완전한 분이셨습니다. 그분은 죄를 몰랐지만, 우리를 위해 희생제물이 되셨습니다. 아담과 하와의 벌거벗음을 가리기 위해 하나님께서 사용한 최초의 희생제물은 창세기 3장 21절에 나타납니다. 이것은 미래에 오실 예수 그리스도의 모형을 미리 보여 주신 것입니다.

"이튿날 요한이 예수께서 자기에게 나아오심을 보고 이르되 보라 세상 죄를 지고 가는 하나님의 어린 양이로다"(요 1:29)

+ 산상수훈의 교훈은 무엇일까요?

우리 예수님은 인간이 만든 종교를 박살 내시려고 이 세상에 오신 분입니다. 그러므로 예수님은 산상보훈의 교훈을 통해 진짜 참된 구원을 받은 우리가 어떻게 살아야 하는 지를 보여주셨습니다. 그렇다면 우리 예수님께서 복이 있다고 칭찬하신 사람들은 누구일까요? 그들은 심령이 가난한 자, 애통하는 자, 온유한 자, 마음이 청결한 자들입니다. 그러므로 우리 예수님께서는 새로운 영적 기준을 세우기 위해서 오셨습니다. 구약의 율법이 아니라 진짜 참된 구원을 통해서 새로운 기준을 세우시기 위해서 오신 것입니다.

"옛 사람에게 말한 바 살인하지 말라 누구든지 살인하면 심판을 받게 되리라 하였다는 것을 너희가 들었으나"(마 5:21)

이 말씀에 의하면 우리가 살인을 삼가면 율법을 지킨 것으로 보아주지만 우리 예수님은 새로운 기준을 제시하셨습니다. 바로 형제에게 분노하는 자나 미련한 놈이라고 욕하는 자도 심판을 당하고 지옥 불에 들어간다고 말씀하신 것입니다.

"나는 너희에게 이르노니 형제에게 노하는 자마다 심판을 받게 되고 형제를 대하여 라가라 하는 자는 공회에 잡혀가게 되고 미련한 놈이라 하는 자는 지옥 불에 들어가게 되리라"(마 5:22)

옛 기준은 간음을 금하고 있지만 예수님께서는 새 기준으로서 이 묵은 규범을 깨뜨려 버리셨습니다. 예수님께서는 우리의 심령에 악한 행동을 가져오는 그 요소 자체를 없애야 한다고 말씀하셨습니다. 예수님께서는 우리를 사랑해 주는 사람들만 사랑하라고 말씀하지 않으시고 도리어 원수들까지도 사랑하라고 말씀하셨습니다.

"또 간음하지 말라 하였다는 것을 너희가 들었으나 나는 너희에게 이르노니 음욕을 품고 여자를 보는 자마다 마음에 이미 간음하였느니라, 또 네 이웃을 사랑하고 네 원수를 미워하라 하였다는 것을 너희가 들었으나 나는 너희에게 이르노니 너희 원수를 사랑하며 너희를 박해하는 자를 위하여 기도하라"(마 5:27-28, 43-44)

그러므로 우리 예수님께서는 우리의 상상을 뛰어넘는 높은 영적 수준을 요구하십니다. 예수님께서 이 땅에 오신 목적은 이 높은 새로운 기준을 감당할 수 있는 진짜 참된 구원을 우리에게 주시기 위해서 오셨습니다. 우리는 십계명을 어떻게 이해해야 할까요? 만약 십계명을 "이것은 행하고 저것은 행하지 말라"는 외적인 명령으로만 이해한다면 우리는 십계명을 완전히 잘못 이해하고 있는 것입니다. 만약 우리가 그렇게 살아간다면 십계명은 하나의 종교적 형식에 불과합니다. 그러므로 우리 예수님께서는 십계명의 1계명에서 4계명까지는 하나님에 대한 사랑으로 설명하셨습니다. 그리고 5계명에서 10계명까지는 이웃에 대한 사랑으로 설명하셨습니다.

"예수께서 이르시되 네 마음을 다하고 목숨을 다하고 뜻을 다하여 주너의 하나님을 사랑하라 하셨으니 이것이 크고 첫째 되는 계명이요 둘째도 그와 같으니 네 이웃을 네 자신 같이 사랑하라 하셨으니 이 두 계명이 온 율법과 선지자의 강령이니라"(마 22:37-40)

그러므로 우리가 진짜 참된 구원을 통해 우리의 내면이 변화되지 않는다면 다만 종교적인 형식에 불과합니다. 그러므로 진정한 사랑이 율법의 완성입니다.

"피차 사랑의 빚 외에는 아무에게든지 아무 빚도 지지 말라 남을 사랑하는 자는 율법을 다 이루었느니라"(롬 13:8)

그러므로 인간이 만든 종교를 따르는 사람들은 진짜 참된 구원을 주시는 예수님께 돌아와야 합니다.

+ 그렇다면 종교적인 위선자란 누구일까요?

예수님 당시에도 종교적인 위선자들이 많았습니다. 우리 예수님께서는 그 당시의 종교 지도자들을 진리의 말씀으로 공격하셨습니다. 그 결과 그 당시 종교 지도자들은 예수님을 십자가에서 죽였습니다. 그렇다면 우리 예수님께서 종교 지도자들을 어떻게 책망하셨을까요? 우리 예수님께서는 마태복음 23장에서 이렇게 책망하셨습니다.

"화 있을진저 외식하는 서기관들과 바리새인들이여 너희는 천국 문을 사람들 앞에서 닫고 너희도 들어가지 않고 들어가려 하는 자도 들어가지 못하게 하는도다 화 있을진저 외식하는 서기관들과 바리새인들이여 너희는 교인 한 사람을 얻기 위하여 바다와 육지를 두루 다니다가 생기면 너희보다 배나 더 지옥 자식이 되게 하는도다, 화 있을진저 외식하는 서기관들과 바리새인들이여 잔과 대접의 겉은 깨끗이 하되 그 안에는 탐욕과 방탕으로 가득하게 하는도다 눈 먼 바리새인이여 너는 먼저 안을 깨끗이 하라 그리하면 겉도 깨끗하리라 화 있을진저 외식하는 서기관들과 바리새인들이여 회칠한 무덤 같으니 겉으로는 아름답게 보이나 그 안에는 죽은 사람의 뼈와 모든 더러운 것이 가득하도다 이와 같이 너희도 겉으로는 사람에게 옳게 보이되 안으로는 외식과 불법이 가득하도다"(마 23:13-15, 25-28)

그러므로 종교적인 위선자란 연극을 하는 사람을 가리킵니다. 종교적인 행위로서 자기의 참모습을 감추고 있는 것입니다. 오히려 자기가 아닌 것을 자기인 것처럼 보이려고 연극을 하는 사람이 바로 종교적인 위선자를 가리킵니다. 그러므로 그들은 위선으로 사람들을 속였습니다. 그들은 자신들의 참모습을 숨기고, 무엇인가를 항상 꾸미고, 의롭게 보이려고 노력했습니다.

그러므로 사람들은 그들의 마음을 보지 못하고 그들의 외모만 보고 그들의 위선에 속아 넘어갔습니다. 그러므로 우리 예수님께서는 그들의 마음의 부패성을 여지없이 드러내셨습니다. 그분은 우리에게서 거짓을 걷어 내기를 원하셨습니다. 그분은 진짜 참된 구원을 통해 우리에게 거룩하고, 깨끗하고, 정결한 삶을 이루어주기 위해서 오셨습니다.

그러므로 예수님이 십자가에서 완성하신 완전한 복음의 진리를 모르는 사람들은 구원을 받기 위해 종교 생활을 선택합니다. 하지만 인간의 종교 생활은 인간에게 결코 진짜 참된 구원을 줄 수 없습니다. 진짜 참된 구원은 오직 부활하신 예수 그리스도께서 주시기 때문입니다. 종교는 인간을 비참하게 만들지만 완전한 복음을 통한 진짜 참된 구원은 우리에게 참된 마음의 평안과 기쁨을 줍니다. 종교는 무거운 짐이 되지만 완전한 복음을 통한 진짜 참된 구원은 우리에게 참된 기쁨을 줍니다.

진짜 참된 구원이 없는 종교는 마치 벌레 먹은 사과와 같습니다. 겉보기에는 멋지게 보이지만 그 안은 썩어 있습니다. 인간이 만든 종교는 사람과 사람의 공로를 높이지만 예수님이 완성하신 완전한 복음은 예수 그리스도를 높이고, 하나님께 영광을 돌리게 합니다. 인간이 만든 종교는 영혼과 삶을 파괴하지만 예수님이 완성하신 완전한 복음은 우리의 영혼과 생활까지 구원합니다.

+ 그렇다면 성경에 나타난 종교는 무엇일까요?

아담의 아들 가인은 종교를 가졌지만, 아벨은 진짜 참된 구원을 가졌습니다. 열왕기상 18장에 나오는 400명의 바알 선지자들은 종교를 가졌지만, 엘리야는 진짜 참된 구원을 가졌습니다. 다니엘 3장에 나오는 느부갓네살 왕은 종교를 가졌지만, 세 명의 히브리 소년들은 진짜 참된 구원을 가졌습니다. 메데와 바사의 통치자들은 종교를 가졌지만 다니엘은 진짜 참된 구원을 가졌습니다.

예수님 시대에 서기관과 바리새인들은 종교를 가진 자들이었습니다.

그들은 자신들을 의롭다고 여겼고, 다른 사람들도 그들을 그렇게 보았습니다. 그들의 종교적인 모습은 매우 아름답게 보였기 때문입니다. 그들은 밖에서 멋진 기도를 오랫동안 했습니다. 그들은 모든 소득의 십일조를 드렸습니다. 그들은 가끔 금식까지 했습니다. 어떤 이들은 일주일에 두 번씩이나 금식했습니다. 그들은 안식일에 십 리 이상의 길을 다니지 않았습니다. 그들은 안식일에 아무런 일도 하지 않았습니다. 그들은 음주를 하거나 욕을 하거나 흡연도 하지 않았습니다. 그들은 율법의 모든 조항을 지키려고 노력했습니다. 그들은 자신들이 옳다고 생각한 것을 열심히 지키려고 노력했습니다. 그들은 자신들이 걸어갔던 종교의 길을 다른 사람들도 걸어가게 하려고 노력했습니다.

그들은 예수님이 안식일에 병을 고치신다고 비난했습니다. 그들은 예수님의 제자들이 안식일에 곡식의 이삭을 먹기 위해 손으로 움켜쥐었다고 책망했습니다. 그들은 자기들 나름대로 하나님을 예배하기 위해 열심히 예배를 드렸습니다. 서기관과 바리새인들은 인간이 볼 때는 매우 선한 사람들로 보였습니다. 하지만 예수님이 완성하신 완전한 복음을 믿는 우리는 겉으로 보이는 행동보다 내면에 관심을 가져야 합니다. 사람들은 겉모양만 보지만 하나님은 우리의 마음을 보시기 때문입니다. 우리가 사람들의 눈을 속일 수 있어도 하나님은 속일 수 없기 때문입니다. 예수님은 그 당시 서기관들과 바리새인들의 마음속에 무엇이 들어 있었는지 알고 계셨습니다.

그들은 무거운 짐을 묶어 사람들의 어깨에 지우게 했지만 자신들은 한 손가락도 움직이지 않았습니다. 그들은 남에게 보이려고 일하는 사람들이었습니다. 그들은 랍비, 지도자, 혹은 아버지라 칭함을 받기를 좋아했습니다. 하지만 우리 예수님께서는 그들을 단호하게 책망하셨습니다.

"화 있을진저 외식하는 서기관들과 바리새인들이여 너희는 교인 한 사람을 얻기 위하여 바다와 육지를 두루 다니다가 생기면 너희보다 배나 더 지옥 자식이 되게 하는도다, 화 있을진저 외식하는 서기관들과 바리새인들이여 너희가 박하와 회향과 근채의 십일조는 드리되 율법의 더 중한 바 정의와 긍휼과 믿음은 버렸도다 그러나 이것도 행하고 저것도 버리지 말아야 할지니라 맹인 된 인도자여 하루살이는 걸러 내고 낙타는 삼키는도다 화 있을진저 외식하는 서기관들과 바리새인들이여 잔과 대접의 겉은 깨끗이 하되 그 안에는 탐욕과 방탕으로 가득하게 하는도다 눈 먼 바리새인이여 너는 먼저 안을 깨끗이 하라 그리하면 겉도 깨끗하리라 화 있을진저 외식하는 서기관들과 바리새인들이여 회칠한 무덤 같으니 겉으로는 아름답게 보이나 그 안에는 죽은 사람의 뼈와 모든 더러운 것이 가득하도다 이와 같이 너희도 겉으로는 사람에게 옳게 보이되 안으로는 외식과 불법이 가득하도다 화 있을진저 외식하는 서기관들과 바리새인들이여 너희는 선지자들의 무덤을 만들고 의인들의 비석을 꾸미며 이르되 만일 우리가 조상 때에 있었더라면 우리는 그들이 선지자의 피를 흘리는 데 참여하지 아니하였으리라 하니 그러면 너희가 선지자를 죽인 자의 자손임을 스스로 증명함이로다 너희가 너희 조상의 분량을 채우라 뱀들아 독사의 새끼들아 너희가 어떻게 지옥의 판결을 피하겠느냐"(마 23:14-15, 23-33)

인간이 만든 종교를 따르는 사람들은 거짓 송사를 통하여 예수님을 십자가에 못 박아 죽였습니다. 베드로와 요한이 앉은뱅이를 고치고, 예수 그리스도를 우리 인생의 주인과 구세주로 소개할 때 그들을 심문하던 무리가 바로 종교인들이었습니다. 그들의 의는 다른 사람의 의와 다를 바가 없었습니다. 하나님이 보실 때에 그들의 의는 해어진 옷과 같았습니다. 그러므로 우리는 예수 그리스도의 의를 힘입지 않고서는 아무도 하나님의 나라에 들어갈 수 없습니다.

그러므로 사도 바울은 빌립보서 3장 9절에서 새로운 의를 소개합니다.

"그 안에서 발견되려 함이니 내가 가진 의는 율법에서 난 것이 아니요 오직 그리스도를 믿음으로 말미암은 것이니 곧 믿음으로 하나님께로부터 난 의라"

그러므로 우리도 바울처럼 종교적인 의가 아니라 예수 그리스도를 믿음으로 말미암아 얻을 수 있는 참된 의를 가진 진짜 참된 구원을 받아야 합니다. 예수님이 십자가에서 완성하신 완전한 복음으로 진짜 참된 구원을 받고 변화된 삶을 살아가야 합니다.

8.
성화가 이루어지지 않으면
가짜 구원이다

우리의 진짜 참된 구원은 우리의 삶에 어떤 의미가 있을까요? 우리가 진정으로 진짜 참된 구원을 받았다면 우리는 반드시 변화된 삶을 살아야 합니다. 이것이 우리의 삶에서 이루어지는 성화의 구원입니다. 칭의의 구원은 죄의 형벌로부터의 구원이고, 성화의 구원은 죄의 세력으로부터의 구원이고, 영화의 구원은 죄의 존재로부터의 구원입니다. 우리 예수님이 재림하시고 우리가 부활할 때 우리는 죄와 완전히 분리되어 우리의 몸에서 죄를 짓는 성질이 완전히 떠나게 됩니다. 그러면 그때 우리는 영화의 구원을 받게 됩니다.

그러므로 성화는 구원의 시제에서 현재 구원을 이루어 나가는 것입니다. 성화는 우리의 일상생활에서 죄를 물리치고 승리함으로 거룩한 삶을 살아가는 것입니다. 성화는 우리가 죄로부터 분리된 삶을 살아가는 과정입니다. 따라서 우리는 성화를 이루기 위해서 신앙생활을 하는 것이나 마찬가지입니다. 이미 복음으로 칭의의 구원을 받은 사람은 현재의 생활 속에서 성화의 구원을 이루어 나가야 합니다.

그렇다면 우리는 어떻게 죄로부터 분리되어 거룩한 삶을 살아갈 수 있을까요? 우리가 무조건 열심히 노력하면 성화가 이루어지는 거룩한 삶을 살아갈 수 있을까요? 그래서 어떤 그리스도인들은 하나님의 은혜로 구원을 받고 신앙생활을 시작하지만, 그 후에는 율법주의적인 신앙생활로 되돌아가 열심히 노력하는 사람들이 있습니다. 하지만 이러한 신앙생활은 사도 바울이 지적한 것처럼 진실로 어리석은 신앙생활입니다.

"너희가 이같이 어리석으냐 성령으로 시작하였다가 이제는 육체로 마치겠느냐"(갈 3:3)

이와 같은 태도는 우리가 구원의 능력을 축소시키는 것입니다. 우리가 받은 구원은 우리를 천국으로는 인도하기는 하지만 삶을 변화시키는 능력은 없다고 하소연하는 것과 같습니다. 하지만 우리가 진정으로 진짜 참된 구원을 받았다면 그 진짜 참된 구원은 우리에게 그리스도인의 삶을 살아내게 하는 능력을 줍니다. 예수님이 십자가에서 완성하신 완전한 복음은 우리의 구원에만 영향을 미치는 것이 아니라 우리의 삶에도 영향을 미쳐 우리로 하여금 변화된 삶을 살아내게 하는 것입니다. 그러므로 진짜 참된 구원에는 반드시 변화된 삶이 포함되어 있습니다. 거룩한 삶을 살아내게 하는 능력이 복음 안에 포함되어 있기 때문입니다. 복음은 우리에게 하나님의 자녀가 되는 권세를 줄 뿐만 아니라 우리로 하여금 하나님의 자녀로서 거룩하신 하나님 아버지를 섬기게 하는 능력도 주기 때문입니다. 그러므로 사도 바울이 말한 복음의 능력은 두 가지 측면이 있습니다.

"이 복음은 모든 믿는 자에게 구원을 주시는 하나님의 능력이 됨이라"(롬 1:16)

이 복음은 모든 믿는 자에게 구원을 주시되 죄의 형벌로부터의 구원과 죄의 세력으로부터의 구원도 이루어 주는 것입니다. 모든 것을 이룰 수 있는 능력이 복음 안에 포함되어 있기 때문에 복음은 인간의 모든 문제를 해결하는 능력입니다. 복음은 우리로 하여금 거룩한 삶을 살고 싶은 소원을 갖게 하고 그렇게 살아갈 수 있는 능력도 줍니다. 하나님이 반대하시고 하나님이 싫어하시고 하나님이 거부하시는 죄로부터 분리되어 점점 더 변화되는 거룩한 삶을 살아내게 합니다.

그러므로 펄 워서는 그의 책에서 성화의 필요성을 이렇게 지적했습니다 (P. 28)

"참된 그리스도인은 점진적인 성화를 경험하면서 종종 죄를 물리치고 승리합니다. 참된 회심을 시작한 사람은 그 일을 계속 유지해 나갑니다. 그 결과 그들의 삶에서 회심의 경험이 더욱 깊어지고 더욱 큰 현실로 자리 잡습니다. 그러나 참된 그리스도인은 죄에서 온전히 자유롭지 못합니다. 그는 여전히 하나님이 허락하시는 회개의 은혜가 필요합니다. 한편 믿음을 고백했지만, 성화의 진전이 없고, 회개의 합당한 열매가 보이지 않는 그리스도인은 영혼의 안위를 걱정해야 합니다. 그런 그리스도인은 스스로를 시험해 보고, 자신이 과연 믿음 안에 있는지 확인해 보아야 합니다. 그러므로 복음은 우리가 구원을 받을 때만 필요한 것이 아니라 우리가 구원을 받은 이후 그리스도인의 삶을 살아갈 때도 필요합니다. 우리는 그 어느 누구라도 복음을 졸업하고 살아갈 수는 없습니다. 그러므로 우리는 복음과 함께 살아가고 복음에 합당한 삶을 살아야 합니다. 그래서 사도 바울은 "오직 너희는 그리스도의 복음에 합당하게 생활하라"(빌 1:27)고 권면합니다. 우리는 복음을 떠나서 그리스도인의 삶을 살아갈 수 없기 때문에 복음 중심의 삶을 계속 살아야 합니다. 우리가 하루라도 복음을 생각하지 않으면 율법주의적인 신앙생활을 살아갈 수밖에 없고, 우리는 곧 넘어지게 됩니다. 복음과 그리스도인의 승리하는 생활은 결코 떼려야 뗄 수 없는 불가분의 관계입니다. 그러므로 우리는 늘 복음과 함께 생활해야 합니다."

+ 그렇다면 성화란 구체적으로 어떤 의미일까요?

밀라드 에릭슨은 그의 저서 「구원론」에서 성화의 의미를 이렇게 설명합니다 (P. 219-222)

"성화란 믿는 자의 삶 속에서 그를 실제적으로 거룩하게 만드시는 하나님의 계속적인 역사입니다. '거룩하게'가 의미하는 것은 하나님과 같은 성품을 실제로 지니게 됨을 뜻합니다. 성화란 그 사람의 도덕적인 상태가 하나님 앞에서의 그의 법적 신분에 일치하는 수준까지로 끌어올려 지는 과정입니다. 이것은 믿는 자 속에 새 생명이 주어지고 심기어지는 때인 거듭날 때 시작된 사역이 계속되는 과정입니다. 특히 성화란 그리스도께서 이루신 구속사역을 믿는 자의 삶에 적용하시는 성령의 사역이라고 할 수 있습니다.

성화라는 단어는 두 가지 기본적인 의미가 있습니다.

첫째는 어느 특정의 물체들이나 사람 또는 장소들의 외형적인 특성으로서의 거룩이라는 개념입니다. 이것은 일반적이거나 세속적인 일들로부터 구별되고 분리되어 특별한 목적이나 사용을 위해 바쳐진 상태를 말합니다.

둘째는 도덕적인 선함과 영적으로 성숙함을 뜻합니다.

이것은 믿는 자가 단지 외적으로 분리됨만을 의미하는 것이 아니라 믿는 자가 자신의 신분에 일치하는 삶을 살아감을 뜻합니다. 그들은 순수하고 선한 삶을 살아야 합니다. 우리의 신분은 거룩한 삶의 결과가 있어야만 합니다.

"그러므로 주 안에서 갇힌 내가 너희를 권하노니 너희가 부르심을 입은 부름에 합당하게 행하여 모든 겸손과 온유로 하고 오래 참음으로 사랑 가운데서 서로 용납하고"(엡 4:1-2)

칭의는 한 순간에 완성되는 순간적인 사건인 반면에 성화는 그 완성을 위해서는 전 생애가 요구되는 하나의 과정적 사건입니다. 칭의는 하나의 법정적이고 선언적인 문제나 성화는 그 사람의 상태와 성품이 실제적으로 변화되는 것입니다."

김세윤 교수도 그의 저서 「구원이란 무엇인가」에서 성화가 언제 이루어져야 하는지에 관해 설명합니다(P. 103-104)

"그리스도인의 성화가 구원의 현재입니다. 구원의 현재는 이미 과거에 구원을 받은 우리가(믿음으로 의인이 되고 새로운 피조물이 된 우리가) 현재에 의인으로서(하나님의 아들로서, 하나님의 피조물로서) 스스로를 재확인하는, 즉 이 세상의 가치를 따르지 않고 하나님 나라의 가치를 천명하고 고난을 받으며, 십자가에 죽은 '자기 주장하는 옛사람'이 실제로 죽어가는 과정입니다. 그와 동시에 부활로 새로워진 새 생명이 실제화 되어 가는 과정입니다. 그래서 그리스도의 거룩한 형상으로, 하나님의 형상으로 닮아가는 것이 구원의 현재입니다. 종말로 예수 그리스도가 다시 오실 때 이 성화의 과정 곧 십자가를 지고 옛사람이 죽어 가며 새로운 사람이 날로 새롭게 되어 가는 과정이 종결지어질 것입니다. 그때 우리가 예수님의 부활에 완전히 참여하게 되고(롬 6:6), 우리가 하나님의 아들이요 마지막 아담인 예수님의 영광된 형상으로 완전히 변화될 것입니다. 이것이 영화입니다. 이것이 구원의 미래입니다."

✛ 성화와 하나님의 사랑

진짜 참된 구원이 성화를 낳는 이유가 무엇일까요? 우리가 경험한 구원 속에 하나님의 진정한 사랑이 들어 있기 때문입니다. 진정한 사랑은 사랑을 낳습니다. 진짜 구원은 십자가의 사랑을 깨닫는 것입니다. 따라서 우리는 십자가에서 사랑을 배우게 됩니다. 사랑의 사도 요한은 십자가를 통해 이루어지는 진정한 사랑을 이렇게 설명합니다.

"사랑은 여기 있으니 우리가 하나님을 사랑한 것이 아니요 하나님이 우리를 사랑하사 우리 죄를 속하기 위하여 화목 제물로 그 아들을 보내셨음이라"(요일 4:10)

이 말씀은 몇 가지 특징을 강조합니다.
"사랑은 여기 있으니, 하나님이 우리를 사랑하사, 우리 죄를 속하기 위하여, 화목제물로 그 아들을 보내셨다"

우리는 여기서 하나님 아버지의 사랑을 보게 됩니다. 하나님이 먼저 우리를 사랑하신 것입니다. 그런데 우리는 죄라는 문제를 가지고 있었 습니다. 하나님 아버지는 우리의 죄를 해결하기 위해서 당신의 아들 예 수 그리스도를 화목제물로 우리에게 보내주셨습니다. 그리고 예수님께 서 우리를 위해 십자가에서 죽으셨습니다. 그러므로 십자가의 복음은 사랑입니다. 그래서 요한은 '사랑은 여기 있으니'라고 말합니다. 하나님 아버지는 우리의 죄를 속하기 위해서 하나밖에 없는 당신의 외아들 예 수 그리스도를 우리에게 보내주셨습니다. 이것이 바로 하나님 아버지 의 사랑입니다. 사랑의 사도 요한은 요한복음 3장 16절에서도 동일한 내 용으로 설명합니다.

"하나님이 세상을 이처럼 사랑하사 독생자를 주셨으니 이는 그를 믿 는 자마다 멸망하지 않고 영생을 얻게 하려 하심이라"(요 3:16)

하나님 아버지는 세상에 있는 우리 죄인들을 사랑하셔서 하나밖에 없는 독생자를 우리에게 보내주셨습니다. 예수님은 우리를 위한 화목 제물이셨습니다.

"그는 우리 죄를 위한 화목 제물이니 우리만 위할 뿐 아니요 온 세상 의 죄를 위하심이라"(요일 2:2)

우리가 예수님을 믿고 멸망을 당하지 않게 하시려는 목적으로 예수님을 보내주셨습니다. 이것이 하나님 아버지의 사랑입니다. 그런데 우리 예수님께서도 십자가를 통해서 우리를 사랑해 주셨습니다. 그분이 십자가 위에서 죽으신 것은 우리를 사랑하시기 때문입니다. 우리를 사랑하시기 때문에 우리를 위해 목숨을 내어놓으셨습니다. 이보다 더 큰 사랑이 어디 있을까요?

"그가 우리를 위하여 목숨을 버리셨으니 우리가 이로써 사랑을 알고 우리도 형제들을 위하여 목숨을 버리는 것이 마땅하니라, 사람이 친구를 위하여 자기 목숨을 버리면 이보다 더 큰 사랑이 없나니"(요일 3:16, 요 15:13)

우리는 십자가 위에서 우리를 위해 죽으신 예수님을 통해 사랑을 배우고, 우리도 사랑을 실천하는 사람이 되는 것입니다. 그러므로 십자가는 사랑입니다. 우리는 십자가를 통해서 구원을 받았고, 우리는 십자가를 통해서 의롭게 되었고, 우리는 십자가를 통해서 하나님과의 평화가 이루어졌습니다. 그러므로 십자가를 통해서 의롭게 되었고, 사랑을 배웠으니 죄로부터 분리된 거룩한 삶을 살아가고 성화의 구원을 이루게 되는 것입니다.

+ 칭의와 성화

칭의와 성화는 매우 밀접하게 관련되어 있습니다.

존 맥아더는 그의 책 「구원이란 무엇인가」에서 칭의와 성화의 연결을 설명하기 위해서 칼빈의 글을 인용합니다(P. 135-136).

"예수 그리스도는 의롭다 하시는 모든 사람을 성화로 연결시키십니다. 칭의와 성화의 축복은 영원히 나눌 수 없는 연결로 결합되어 있습니다. 예수님은 그분의 지혜로 비추시는 자들을 구속하십니다. 그리고 구속하시는 자들을 의롭다 하십니다. 우리가 칭의와 성화를 구분하기는 하지만 둘 다 그리스도 안에서 구분함이 없이 함축되어 있습니다. 당신은 그리스도 안에서 칭의를 얻고 싶은가요? 그렇다면 먼저 그리스도를 소유해야 합니다. 그러나 그리스도의 성화에 동참하는 자가 되지 않고는 그리스도를 소유할 수 없습니다. 그리스도는 나눌 수 없기 때문입니다. 그분은 칭의와 성화 둘 다를 베풀어 주십니다. 다른 하나가 없이 어느 한 가지만 베풀어 주지는 않으십니다. 따라서 우리에게 행위의 변화는 있지만, 행위로 의롭다 하심을 얻는 것이 아님은 분명한 사실입니다. 야고보는 참된 믿음으로 의롭다 하심을 얻은 자들이 믿음의 공허한 외형이 아닌 순종과 선한 행위로 자신이 의롭다 하심을 얻었음을 증명한다고 말하는 것입니다. 한마디로 말하면, 야고보는 칭의의 방식에 대해 논하는 것이 아니라 믿는 자들의 칭의가 믿음의 행함에 작용하게 되어 있다고 말합니다. 야고보는 선한 행위가 없는 자라면 아무도 의롭게 되었다고 여기지 말아야 한다고 주장합니다."

따라서 칭의는 반드시 성화로 증명되어야 합니다. 성화는 구원받은 사람에게 필수적입니다. 진정으로 구원받은 사람은 현재의 삶에서 행함으로 자신의 구원을 증명할 수 있어야 합니다. 행함이 없는 믿음은 죽은 믿음입니다. 성화는 칭의와 연결되어 있습니다.

존 맥아더는 그의 저서 「구원이란 무엇인가」에서 참된 칭의는 성화를 가져온다는 것을 증거하며, 도널드 그레이스 반하우스의 글을 인용합니다(P. 170).

"칭의가 성화는 아니지만 칭의는 성화를 낳게 되어 있습니다. 거룩함은 그리스도인의 삶의 시금석이 되어야 합니다. 그리스도가 자기 백성들을 죄에서 구원하기 위해 오셨습니다(마 1:21). 그들은 자신의 죄에 빠져 구원받지 못할 자들이었습니다. 그리고 죄 속에 묻혀 인생을 마감할 자들이었습니다. 칭의와 성화는 몸과 머리처럼 뗄 수 없는 불가분의 관계입니다. 어느 한쪽이 없는 다른 쪽을 가질 수는 없습니다. 하나님은 삶의 새로움과 분리된 불필요한 칭의를 주지 않으십니다. 칭의는 성화와 무관하게 일어나지만 칭의가 일어난 후에는 반드시 성화가 시작됩니다. '모든 사람과 더불어 화평함과 거룩함을 따르라 이것이 없이는 아무도 주를 보지 못하리라'(히 12:14) 거룩함은 칭의가 끝나는 곳에서 시작합니다. 그리고 거룩함이 시작되지 않는다면 우리에게는 칭의가 결코 시작되었다고 여길 권리가 없습니다."

+ 성화와 믿음의 행함

우리는 무엇으로 가짜 구원과 진짜 구원을 구별할 수 있을까요? 그것은 참된 진짜 구원이 가져오는 믿음의 행함입니다. 행함은 믿는 자의 삶 속에 반드시 나타나기 때문에 행함이 없는 믿음은 죽은 믿음입니다. 존 맥아더는 그의 저서 「구원이란 무엇인가」에서 죽은 믿음에 대해 이렇게 설명합니다(P. 229-230).

"야고보는 이제 가장 강력한 훈계를 합니다. '아아 허탄한 사람아 행함이 없는 믿음이 헛것인 줄을 알고자 하느냐'(약 2:20) 야고보는 행함이 없는 사람을 '공허하고 결함이 있는'이라는 뜻의 '허탄한 사람'이라고 부릅니다. 그런 사람은 공허합니다. 살아 있는 믿음이 없기 때문입니다. 믿는다는 그의 주장은 거짓입니다. 그의 믿음은 가짜입니다. 20절에 나오는 '믿음'과 '행함' 모두 헬라어로는 정관사가 붙어 있습니다. 그래서 '그 행함이 없는 그 믿음'이라고 말해야 합니다. '헛것'이라는 것은 '메마르고 생산을 하지 못하는'이라는 뜻입니다. 그 뜻은 구원에 대해 생산적이지 못하다는 것처럼 들립니다. 죽은 정통성은 구원의 능력이 없습니다. 오히려 참되고 살아 있는 믿음을 방해하는 걸림돌이 될 수 있습니다. 그래서 야고보는 구원의 두 방식을 대조하고 있지 않습니다. 그는 두 종류의 믿음을 대조시키고 있습니다. 구원의 믿음과 구원하지 못하는 믿음이 그것입니다."

따라서 우리는 믿음의 행함과 율법의 행위를 구분해야 합니다. 야고보 사도는 믿음의 행함을 강조합니다.

"이로 보건대 사람이 행함으로 의롭다 하심을 받고 믿음으로만은 아니니라, 영혼 없는 몸이 죽은 것 같이 행함이 없는 믿음은 죽은 것이니라"(약 2:24, 26)

이 말씀을 보면 행함으로 의롭다 함을 받고 믿음으로만은 아니라고 말합니다.

사도 바울이 로마서에서 강조한 것은 무엇일까요?

"무슨 법으로냐 행위로냐 아니라 오직 믿음의 법으로니라 그러므로 사람이 의롭다 하심을 얻는 것은 율법의 행위에 있지 않고 믿음으로 되는 줄 우리가 인정하노라"(롬 3:27-28)

사도 바울은 여기서 사람이 의롭게 되는 것은 행위가 아니라 믿음으로 된다고 말합니다. 어떻게 보면 사도 야고보의 주장과 사도 바울의 주장이 서로 반대가 됩니다. 한쪽은 행함을 강조하고 한쪽은 믿음을 강조합니다. 당신은 이 말씀을 어떻게 이해하고 있습니까? 하나님의 말씀이 모순일까요? 하지만 야고보의 말과 바울의 말은 서로 모순되지 않습니다. 그러므로 이것을 해결하는 법칙은 율법의 행위와 믿음의 행함을 구분하는 것입니다. 사도 바울이 로마서에서 강조한 율법의 행위는 율법을 지켜서 구원받으려는 태도를 지적한 것입니다. 야고보가 강조한 믿음의 행함은 진정으로 진짜 참된 구원을 받은 사람은 올바른 믿음을 소유했기 때문에 반드시 행함이 나타나게 되어 있다는 것을 강조합니다. 참된 믿음이 있으면 반드시 행함이 따라오는 것입니다. 따라서 행함이 없다면 그것은 잘못된 가짜 믿음입니다. 로마서 말씀도 맞고 야고보서 말씀도 맞습니다. 성경을 보십시오. 어디에도 율법의 행함이라고 말하지 않습니다. 반드시 율법의 행위로 기록되어 있습니다. 그러므로 율법의 행위로는 구원을 받을 수 없습니다.

"무슨 법으로냐 행위의 법이냐 아니라 오직 믿음의 법으로니라"(롬 3:27)

사도 바울이 인정한 것은 무엇일까요?

"율법의 행위에 있지 않고 믿음으로 되는 줄 우리가 인정하노라"(롬 3:28)

이제 야고보 사도는 야고보서 2장 21절부터 26절에서 진정한 믿음이 있었기 때문에 행동했던 두 인물을 소개합니다. 먼저 아브라함이 등장합니다. 아브라함이 이삭을 제단에 드릴 때 보였던 행동은 믿음의 행함이었습니다. 그는 자신이 이삭을 번제로 드려도 하나님이 다시 살려주실 것을 믿었기 때문에 믿음으로 이삭을 드렸습니다. 히브리서 기자도 그 사실을 명확하게 증거하고 있습니다.

"아브라함은 시험을 받을 때에 믿음으로 이삭을 드렸으니 그는 약속들을 받은 자로되 그 외아들을 드렸느니라 그에게 이미 말씀하시기를 네 자손이라 칭할 자는 이삭으로 말미암으리라 하셨으니 그가 (하나님이 능히 이삭을 죽은 자 가운데서 다시 살리실 줄로 생각한지라) 비유컨대 그를 죽은 자 가운데서 도로 받은 것이니라"(히11:17-19)

여기 18절에서 '이미 말씀하시기를'이라는 뜻은 하나님께서 아브라함에게 이삭을 통하여 수많은 바다의 모래처럼, 하늘의 별들처럼 자손을 많게 해주신다고 이미 약속하셨기 때문에 이삭을 번제로 드려도 하나님은 자신이 하신 말씀을 책임지기 위해서 이삭을 다시 살리실 것을 믿었기 때문에 이삭을 드릴 수가 있었습니다. 여기 19절에서 '하나님이 능히 이삭을 죽은 자 가운데서 다시 살리실 줄로 생각한지라'라는 말씀은 아브라함이 하나님이 다시 살리실 것을 믿었다는 것을 보여 줍니다. 아브라함의 행동은 진정한 믿음을 가지고 있었기 때문에 나타난 행동입니다.

두 번째 인물 기생 라합도 믿음이 있었기 때문에 한 행동이었습니다.

그녀는 율법의 행위로 보면 오히려 율법을 어긴 사람입니다. 자기와 함께 살고 있었던 여리고 성 사람들이 다 죽으라고 정탐꾼을 숨겨주었고, 또 숨겨주지 않았다고 거짓말까지 했습니다. 그녀는 도덕적으로 옳지 않은 기생이었습니다. 그런데 성경은 그녀에게 행함으로 의롭다 함을 받았다고 선포합니다.

"또 이와 같이 기생 라합이 사자들(정탐꾼들)를 접대하여 다른 길로 나가게 할 때에 행함으로 의롭다 하심을 받은 것이 아니냐"(약 2:25)

기생 라합은 하나님께서 이미 가나안 땅을 이스라엘 백성들에게 주셨다는 사실을 믿었기 때문에 믿음으로 행동했던 것입니다. 이것은 무엇을 말해줄까요? 우리가 진정으로 구원을 받았고 하나님을 믿는 사람이라면 행함이 있어야 한다는 것을 보여줍니다. 그러므로 행함이 없는 믿음은 잘못된 믿음입니다. 그리고 행함은 우리의 생활에서 성화를 이루는 현재의 구원입니다. 칭의의 구원을 받았다면 반드시 삶 가운데서 죄로부터 분리된 삶을 살아내는 성화가 이루어져야 합니다. 그러므로 당신에게 성화가 없다면 죄송하지만, 당신의 구원은 가짜 구원입니다.

9.
죄를 반복적으로 계속 범하면
가짜 구원이다

구원받은 사람이 죄를 범할 수 있을까요? 물론 구원받은 사람이라도 죄를 범할 수 있습니다. 구원받은 사람이 죄를 범할 수 있다는 것은 죄를 범하되 실수로 범하고, 자신이 지은 죄를 안타까워하며, 그 죄를 자백하고 버리는 경우를 말합니다. 구원받은 사람이 실수로 범하는 죄들은 나중에 성령 하나님께서 그 죄를 지적해 주심으로 자신의 죄를 깨달아 그 죄를 자복하고 버리는 것입니다. 또한 실수로 범하는 죄들은 반드시 하나님의 징계가 따라옵니다. 그러므로 하나님의 징계를 통해서 자신의 지은 죄를 깨달아 자복하고 버리게 됩니다.

+ 죄를 반복적으로 계속해서 범한다면 그 사람의 구원은 문제가 있습니다

하나님의 말씀에 귀 기울여보십시오.

"하나님께로부터 난 자는 다 범죄하지 아니하는 줄을 우리가 아노라 하나님께로부터 나신 자가 그를 지키시매 악한 자가 그를 만지지도 못하느니라"(요일 5:18)

요한은 여기서 "하나님께로부터 난 자는 다 범죄하지 아니하는 줄을 우리가 아노라"라고 말합니다. 여기 '하나님께로부터 난 자'는 당연히 예수 그리스도의 복음으로 거듭난 자를 말합니다. 다시 말해서 거듭난 자란 진짜 참된 구원을 받은 사람을 지칭합니다. 그러므로 요한은 "구원받은 자는 다 범죄하지 아니하는 줄을 우리가 아노라"라고 말하는 것입니다. 그러므로 진정으로 구원을 받은 자는 죄를 범할 수 없습니다. 그러므로 사도 요한도 구원받은 성도가 죄를 범할 수 없다는 사실을 매우 분명하게 말합니다.

"그 안에 거하는 자마다 범죄하지 아니하나니 범죄하는 자마다 그를 보지도 못하였고 그를 알지도 못하였느니라. 하나님께로부터 난 자마다 죄를 짓지 아니하나니 이는 하나님의 씨가 그의 속에 거함이요 그도 범

죄하지 못하는 것은 하나님께로부터 났음이라"(요일 3:6, 9)

사도 요한이 무엇을 강조해서 말하고 있습니까?

요한일서 5장 18절에서는 "하나님께로부터 난 자는 다 범죄하지 아니하는 줄을 우리가 아노라"라고 말합니다.

요한일서 3장 6절에서는 "그 안에 거하는 자마다 범죄하지 아니하나니"라고 말합니다.

요한일서 3장 9절에서는 "하나님께로부터 난 자마다 죄를 짓지 아니하나니"라는 말씀과 "그도 범죄하지 못하는 것은 하나님께로부터 났음이라"라고 말합니다. 그러므로 사도 요한은 진짜 참된 구원을 받은 사람은 죄를 범할 수 없다고 분명하게 말했기 때문에 진짜 참된 구원을 받은 사람은 죄를 반복적으로 계속해서 범할 수 없습니다.

✛ 하나님의 자녀와 마귀 사탄의 자녀를 구별하는 기준은 무엇일까요?

사도 요한은 요한일서 3장 10절에서 하나님의 자녀와 마귀 사탄의 자녀를 구별하는 기준을 제시합니다.

"이러므로 하나님의 자녀들과 마귀의 자녀들이 드러나나니 무릇 의를 행하지 아니하는 자나 또는 그 형제를 사랑하지 아니하는 자는 하나님께 속하지 아니하니라"(요일 3:10)

사도 요한은 여기서 하나님의 자녀와 마귀 사탄의 자녀가 분명하게 드러난다고 말합니다. 그렇다면 누가 마귀 사탄의 자녀일까요? 마귀 사탄의 자녀는 구원받은 사람이 적극적으로 행하여야할 의무를 실행하지 못하는 사람입니다. 그러므로 마귀 사탄의 자녀는 '무릇 의를 행하지 아니하는 자나 또는 그 형제를 사랑하지 아니하는 자'입니다. 그러므로 진짜 참된 구원을 받지 않은 사람은 절대로 의를 행할 수 없고, 형제들을 사랑할 수 없습니다. 그러므로 의를 행하지 못하는 사람과 형제를 사랑하지 못하는 사람은 하나님께 속한 사람이 아닙니다. 다시 말해서 진짜 참된 구원을 받은 사람이 아닙니다.

+ 사도 바울도 로마서에서 구원받은 성도가 죄를 범할 수 없다고 말합니다

"그런즉 우리가 무슨 말을 하리요 은혜를 더하게 하려고 죄에 거하겠느냐 그럴 수 없느니라 죄에 대하여 죽은 우리가 어찌 그 가운데 더 살리요, 또한 너희 지체를 불의의 무기로 죄에게 내주지 말고 오직 너희 자신을 죽은 자 가운데서 다시 살아난 자 같이 하나님께 드리며 너희 지체를 의의 무기로 하나님께 드리라 죄가 너희를 주장하지 못하리니 이는 너희가 법 아래에 있지 아니하고 은혜 아래에 있음이라 그런즉 어찌하리요 우리가 법 아래에 있지 아니하고 은혜 아래에 있으니 죄를 지으리요 그럴 수 없느니라 너희 자신을 종으로 내주어 누구에게 순종하든지 그 순종함을 받는 자의 종이 되는 줄을 너희가 알지 못하느냐 혹은 죄의 종으로 사망에 이르고 혹은 순종의 종으로 의에 이르느니라 하나님께 감사하리로다 너희가 본래 죄의 종이더니 너희에게 전하여 준 바 교훈의 본을 마음으로 순종하여 죄로부터 해방되어 의에게 종이 되었느니라, 그러나 이제는 너희가 죄로부터 해방되고 하나님께 종이 되어 거룩함에 이르는 열매를 맺었으니 그 마지막은 영생이라"(롬 6:1-2, 13-18, 22)

여기서 사도 바울이 아주 분명하게 강조한 내용은 이것입니다.

"죄에 거하겠느냐 그럴 수 없느니라 죄에 대하여 죽은 우리가 어찌 그 가운데 더 살리요, 또한 너희 지체를 불의의 무기로 죄에게 내주지 말고, 죄가 너희를 주장하지 못하리니, 그런즉 어찌하리요 우리가 법 아래에 있지 아니하고 은혜 아래에 있으니 죄를 지으리요 그럴 수 없느니라, 하나님께 감사하리로다 너희가 본래 죄의 종이더니 너희에게 전하여 준 바 교훈의 본을 마음으로 순종하여 죄로부터 해방되어 의에게 종이 되었느니라, 이제는 너희가 죄로부터 해방되고 하나님께 종이 되어 거룩함에 이르는 열매를 맺었으니"

+ 사도 베드로도 예수님께서 우리의 죄를 담당하신 이유를 분명하게 말합니다

"친히 나무에 달려 그 몸으로 우리 죄를 담당하셨으니 이는 우리로 죄에 대하여 죽고 의에 대하여 살게 하심이라 그가 채찍에 맞음으로 너희는 나음을 얻었나니"(벧전 2:24)

그러므로 우리가 구원받은 목적은 죄에 대하여 죽고 의에 대하여 살아가게 하려는 것입니다. 그러므로 우리가 진짜 참된 구원을 받았다면 이제부터 죄를 짓는 일에 대하여 죽어야 합니다. 그리고 의로운 행동을 하기 위해서 살아야 합니다.

그렇다면 구원받은 우리가 죄를 반복적으로 계속해서 범할 수 없는 이유가 무엇일까요? 우리는 이제 진짜 참된 구원을 받은 사람으로서 죄가 얼마나 무서운가를 알았기 때문입니다. 그 죄 때문에 예수님이 죽으셨다는 것을 알았기 때문입니다. 사실 인간이 죄를 범하지 않았다면 예수님은 십자가에서 죽을 이유가 없었습니다. 하나님이 죄를 얼마나 싫어하시면 예수님이 세상 죄를 지셨을 때, 비록 예수님이 자신의 하나밖에 없는 아들이셨지만 하나님 아버지는 그 순간에 예수님을 버리신 것입니다. 그러므로 우리 예수님께서는 큰 소리로 절규하는 소리를 지르셨습니다. 우리 예수님께서는 십자가에 매달려 크게 소리를 지르셨습니다.

"엘리 엘리 라마 사박다니"

이것은 "나의 하나님 나의 하나님 어찌하여 나를 버리셨나이까?"(막 15:34)라는 뜻입니다. 예수님이 돌아가시던 그 날에 하나님 아버지께 그 분은 버림을 당하셨습니다. 예수님이 돌아가시던 그 날에 하늘은 빛을 내지 않았습니다. 아마 이것은 하나님 아버지가 아들을 사랑하시지만 죄는 미워하시기 때문에, 그 순간에 예수님이 세상 죄를 다 지셨기 때문에, 그 예수님에게서 얼굴을 돌리셨다는 것을 나타냅니다. 성경은 이러한 사실을 분명하게 입증해 줍니다.

"제 육시로부터 온 땅에 어둠이 임하여 제구시까지 계속되더니"(마 27:45)

그러므로 우리 하나님께서 그만큼 죄를 싫어하시기 때문에 우리 구원받은 성도들은 죄를 미워하고, 죄를 멀리하고, 죄를 반복적으로 계속해서 범하지 않는 것입니다. 그러므로 자신이 구원받은 사람이라고 말하면서 반복적으로 계속해서 어둠 가운데 행하면 그 사람의 구원은 가짜입니다.

"만일 우리가 하나님과 사귐이 있다 하고 어둠에 행하면 거짓말을 하고 진리를 행하지 아니함이거니와 그가 빛 가운데 계신 것 같이 우리도 빛 가운데 행하면 우리가 서로 사귐이 있고 그 아들 예수의 피가 우리를 모든 죄에서 깨끗하게 하실 것이요"(요일 1:6-7)

그러므로 우리가 어둠 속에서 행하는 것은 그리스도를 따르는 것이 아니며, 생활 속에서 죄를 반복적으로 계속해서 범하는 것입니다. 하지만 구원받은 사람은 어둠에서 빛으로 옮겨진 사람입니다. 그러므로 더 이상 어둠 속에서 방황하지 않습니다. 이보다 더 단호한 말씀이 어디 있을까요?

"너희가 전에는 어둠이더니 이제는 주 안에서 빛이라 빛의 자녀들처럼 행하라, 형제들아 너희는 어둠에 있지 아니하매 그 날이 도둑 같이 너희에게 임하지 못하리니, 예수께서 또 말씀하여 이르시되 나는 세상의 빛이니 나를 따르는 자는 어둠에 다니지 아니하고 생명의 빛을 얻으리라"(엡 5:8, 살전 5:4, 요 8:12)

그러므로 진짜 참된 구원을 받은 사람은 빛 가운데 행하기 때문에 죄를 반복적으로 계속해서 범할 수 없습니다. 그러므로 죄를 반복적으로 계속해서 범하는 사람은 진짜 참된 구원을 받은 사람이 아니라 가짜 구원을 받은 사람입니다.

10.
이것이 진짜 구원 받은 사람이다

우리는 지금까지 가짜 구원이 무엇인지 자세히 살펴보았습니다. 그러므로 여기서는 진짜 구원받은 사람이 어떤 사람인지 살펴보기 원합니다. 그렇다면 어떤 사람이 참으로 예수님을 영접하고 구원을 받았는지, 받지 못했는지를 다른 사람이 정확하게 알 수 있을까요? 구원받는 것은 그 자체가 영적인 상태이고, 또 하나님과의 관계에 관한 내용이기 때문에 외적으로 보아서는 금세 알 수 없습니다. 복음을 전하는 전도자나 상담자는 본인이 인간의 한계를 지니고 있기 때문에 어떤 사람이 구원을 받았는지의 여부를 100% 정확하게는 알 수 없을 것입니다.

그런데 복음을 전하는 복음 상담자는 영적인 의사와 같습니다. 병원의 의사들은 대부분 환자가 병원에 오면 문진을 통해 환자의 병을 진단합니다. 환자가 자신의 문제를 정확하게 모를 수 있기 때문에 의사는 병의 증상을 잘 알고 진찰을 통해 진단합니다. 요로결석의 경우도 허리가 끊어질 듯이 아픈 증상이 있을 때 잘못된 의사는 장염이라고 진단 내릴 수도 있을 것입니다. 하지만 미리 요로결석의 증상이 어떠한지 잘 알고 있는 의사라면 소변검사와 엑스레이 검사를 통해 요로결석이라는 정확한 진단을 내릴 것입니다.

그러므로 복음 상담자도 영적인 의사로서 그 사람이 진정으로 구원 받은 사람인지 아니면 구원을 받지 못했는지를 진단을 통해 알아내는 것입니다. 병원의 의사가 수많은 환자들을 진찰하고 치료하는 가운데 숙련되어 감에 따라서 오진율이 줄어들듯이 복음 상담자도 계속해서 복음을 전하는 가운데 숙련되면 다른 사람의 구원의 여부를 알 수 있습니다.

그렇다면 상대방의 구원의 여부를 어떻게 알 수 있을까요? 무엇으로 상대방이 구원을 받았다는 것을 확실하게 알 수 있을까요? 그것은 구원 받은 사람에게 나타나는 참된 변화를 통해서 상대방의 구원의 여부를 알 수 있습니다. 왜냐하면 구원받은 사람에게는 구원받은 직후부터 여러 가지 영적인 변화가 나타나기 때문에 그 변화의 증거들을 통해서 그 사람이 참으로 진짜 구원을 받았는지, 받지 못했는지를 알 수 있는 것입니다. 그러므로 인간은 누구나 구원을 받으면 내적 변화와 외적 변화가 일어납니다. 내적 변화는 즉각적으로 나타나고, 외적 변화는 즉각적으로 나타나는 경우도 있고, 점진적으로 나타나는 경우가 더 많습니다.

그렇다면 사람들에게 나타나는 모든 변화가 다 구원받은 증거일까요? 인간은 누구나 구원을 받으면 변화되는 것은 분명하지만 모든 변화가 다 구원받은 증거는 아닙니다. 복음 전도자나 복음 상담자는 사람이 구원을 받지 않고도 어떤 변화를 경험할 수 있다는 것을 이해해야 합니다. 어떤 사람이 어떤 위기에 처해 있다가 이래서는 안 되겠다고 결단을 내리고 어떤 행동을 하기로 결심하고 실행에 옮기면 구원을 받지 않고도 얼마든지 변화가 가능합니다. 다른 종교를 믿어도 변화는 가능합니다. 사랑하는 청춘남녀가 만나 사랑에 빠져도 변화는 가능합니다. 그러므로 모든 변화가 다 구원받은 증거는 아닙니다.

그렇지만 상대방이 예수님이 십자가에서 완성하신 완전한 복음을 듣고, 자신의 죄를 분명하게 회개하고, 예수 그리스도를 정확하게 구세주와 삶의 주인으로 영접했다면 반드시 변화가 나타나기 때문에 상대방의 구원의 여부를 알 수 있습니다. 구원받은 사람은 구원받지 못한 사람과 분명히 다른 간증을 가지고 있습니다. 우리는 이런 간증과 그 후의 삶의 변화를 통해서 어떤 사람이 구원을 받았는지 상당히 정확하게 알 수 있습니다. 그러나 이것은 어디까지나 복음 상담의 경험을 통해서 배운 교훈을 말하는 것이지 절대적이라고 말하는 것은 아닙니다.

오직 하나님만이 어떤 사람이 구원받았는지의 여부를 100% 확실하게 아시기 때문입니다. 이 부분에 우리는 인간의 한계를 인정해야 합니다. 우리가 최선을 다해도 어떤 경우에는 아주 애매해서 구원받았는지의 여부를 분간하기 어려운 경우도 있습니다.

+ 한 사람이 구원을 받으면 변화가 일어나는 이유는 무엇일까요?

구원받은 사람은 반드시 진실한 회개를 하고, 분명히 주님을 만난 순간이 있고, 주님을 만난 직후에 분명한 변화를 경험하고, 계속해서 변화된 삶을 살아가게 되어 있습니다. 성경은 우리가 구원을 받으면 변화된 삶을 살아간다고 상당히 명확하게 말합니다.

첫째로 구원을 받으면 하나님의 성령이 임했기 때문에 변화가 일어납니다.

"만일 너희 속에 하나님의 영이 거하시면 너희가 육신에 있지 아니하고 영에 있나니 누구든지 그리스도의 영이 없으면 그리스도의 사람이 아니라"(롬 8:9)

둘째로 구원을 받으면 새로운 피조물이 되었기 때문에 변화가 일어납니다.

"그런즉 누구든지 그리스도 안에 있으면 새로운 피조물이라 이전 것은 지나갔으니 보라 새 것이 되었도다"(고후 5:17)

여기서 '새로운 피조물'은 새로운 창조를 뜻합니다. 창세기 1장의 사건이 제1의 창조라면, 영혼이 구원받는 사건은 제2의 창조이며, 하나님의 말씀으로 새롭게 창조되는 기적입니다. 구원받은 사람은 더 이상 죄인이 아니라 '이전 것은 지나갔으니'라는 말씀처럼 과거의 삶은 지나가고 구원받은 후 새사람으로서 새로운 삶을 살아갑니다. 그래서 구원받은 사람은 변화된 삶을 살아가게 되어 있습니다. 옛것과 새것은 분명히 다르기 때문입니다.

셋째로 구원을 받으면 영적으로 죽었다가 다시 살아났기 때문에 변화가 일어납니다.

"그는 허물과 죄로 죽었던 너희를 살리셨도다"(엡 2:1)

넷째로 구원을 받으면 마음의 눈이 장님 상태에 있다가 영적으로 눈이 뜨이게 되었기 때문에 변화가 일어납니다.

"만일 우리의 복음이 가리었으면 망하는 자들에게 가리어진 것이라 그 중에 이 세상의 신이 믿지 아니하는 자들의 마음을 혼미하게 하여 그리스도의 영광의 복음의 광채가 비치지 못하게 함이니 그리스도는 하나님의 형상이니라"(고후 4:3-4)

구원받기 전에는 영적인 것을 볼 수 있는 영안이 없어 영적인 분별력이 없었고, 복음도 이해할 수 없었습니다. 마귀 사탄이 구원받지 않는 사람의 마음을 혼미케 하였기 때문입니다. 여기 '혼미하게 하다'의 문자적 의미는 '헛갈리게 하다, 눈멀게 하다'는 뜻입니다. 그러나 구원을 받으면 영안이 열려 영적인 눈을 뜨게 되고, 영적인 분별력이 생겨 변화된 삶을 살아갑니다. 장님으로 인생을 살던 사람이 병원에서 안구 이식 수

술을 해서 눈을 뜨게 되었다면 새로운 인생을 살지 않겠습니까? 마찬가지로 구원받으면 새롭게 변화된 삶을 살아갑니다.

다섯째로 구원을 받으면 우리의 지식까지도 새로워졌기 때문에 변화가 일어납니다.

"새 사람을 입었으니 이는 자기를 창조하신 이의 형상을 따라 지식에까지 새롭게 하심을 입은 자니라"(골 3:10)

+ 성경은 구원받은 사람들의 변화에 대해서 어떻게 말씀하고 있을까요?

성경은 예수님을 만나서 구원받은 사람들이 완전히 변화된 삶을 살았던 사실을 보여줍니다. 이제 성경에 등장하는 인물들이 어떻게 예수님을 만나 변화된 삶을 살 게 되었는지 살펴보십시오.

+ 세리장 삭개오(눅 19:1-10)의 변화

세리란 로마인을 위해 세금을 걷는 사람을 말합니다. 로마의 법에는 과세의 한도를 제안하는 법이 없었기 때문에 많은 세리들은 무거운 세금을 부과했습니다. 제도를 악용하여 착취를 심하게 했습니다. 그들은 악명이 높았는데 삭개오는 세리장이니, 우두머리로서 아마 지역의 모든 조세를 책임지고 많은 세리들을 거느린 사람이었을 것입니다. 그는 소문난 죄인이었습니다. 예수님이 삭개오의 집으로 들어가자 사람들은 '예수님이 죄인의 집에 들어간다.'고 비웃고 있었습니다.

"뭇 사람이 보고 수군거려 이로되 저가 죄인의 집에 유하러 들어갔도다 하더라"(눅 19:7)

그러한 삭개오가 예수님을 즐겁게 영접했을 때 예수님은 '오늘 구원이 이 집에 이르렀으니 이 사람도 아브라함의 자손이라'고 축하해 주셨습니다. 삭개오는 구원받은 후 삶이 완전히 달라졌습니다. 돈에 가치를 두고 살던 그가 재산의 절반을 팔아 가난한 자들에게 나누어 주었습니다. 이것은 결코 쉬운 일이 아닙니다. 삭개오는 부자였습니다(눅 19:2). 요즘 같은 시대에 부자라면 재산이 얼마나 있어야 할까요? 서울에서 2019년 기준으로 10억 정도는 넘어야 부자 측에 들어가지 않을까요? 그러면 10억 중 절반인 5억을 팔아 나누어준다는 것이 쉬운 일일까요? 요즘 부자들 가운데 재산이 100억이 넘는 사람들도 많습니다. 그 100억의 반을 팔아서 나누어 줄 수 있을까요? 그러나 삭개오는 가치관이 변화되어 자신의 재산의 절반을 팔아 가난한 사람들에게 나누어 주었습니다. 잘못된 방법으로 돈을 모아 왔던 그가 이제부터는 잘못된 방법으로 돈을 착취하면 4배나 배상하겠다고 약속합니다. 그것은 앞으로 잘못된 방법으로는 돈을 벌지 않겠다는 약속입니다. 삭개오는 분명히 가치관이 변화되었습니다. 돈에 가치를 두고 살다가 더 소중한 영적인 가치를 발견했기 때문입니다. 삭개오는 구원받고 즉시 그러한 변화를 보였습니다. 이 얼마나 놀라운 변화입니까? 이와 같이 구원받으면 놀라운 변화가 일어나게 되어 있습니다.

✛ 수가성의 우물가의 여인(요 4:1-42)의 변화

우물가의 여인은 구원을 받기 전에 어떻게 살았을까요? 그녀는 도덕적으로 바른 여인이 아니었습니다. 과거에 남편이 다섯이나 있었고, 지금 있는 남자도 자기 남편이 아니었습니다(요 4:17-18). 그러한 여자이기 때문에 우물가에 사람들이 오지 않는 시간에 물을 길으러 왔습니다. 자신에게 문제가 있었기 때문에 사람들을 만나지 않고 외롭게 살아가고 있었습니다. 그러던 그녀가 예수님을 만난 후 물동이를 내버려 두고 동네에 들어가서 사람들에게 나아갑니다.

이것은 실로 엄청난 변화였습니다. 사람들을 늘 피하던 그녀가 사람들을 적극적으로 만나게 되었습니다. 성경은 그녀의 변화를 분명하게 언급합니다.

"사람들에게 이르되"(요 4:28)

이제 그녀는 변화되어 동네 사람들에게 말합니다.

"내가 지금까지 살아오면서 행했던 모든 일을 낱낱이 다 알고 나에게 말한 분이 있어요. 그분이 그리스도 구세주가 아닐까요. 한번 와서 보시고 확인해 보세요."

쉬운 성경은 이렇게 표현합니다.

"다 들 와서 좀 보세요. 나의 과거를 죄다 말해준 사람이 있어요. 그분이 그리스도가 아닐까요. 하자"(요 4:29)

이와 같이 예수님을 만나면 변화된 삶을 살게 되어 있습니다.

+ 사도 바울의 변화(행 9:1-22)

사도 바울은 과거에 교회와 예수 믿는 사람들을 핍박하는 사람이었지만, 다메섹 도상에서 예수 그리스도를 만나고 변화된 삶을 살았습니다. 그가 예수를 만나고 일시적으로 눈이 멀었지만 다메섹으로 들어가 아나니아에게 안수를 받고 눈이 열리는 기적을 경험합니다. 이것은 마치 영적으로 막혀 있던 것이 뚫리는 것과 같이 어떤 사람이 구원을 받고 영적으로 눈을 뜨게 되니 성경 말씀이 살아서 눈으로 속속 들어오는 것을 경험하게 되는 것입니다.

+ 신학자들은 구원받은 사람들의 변화에 대해 어떻게 말하고 있을까요?

박형용은 「교의신학」 제 5권 구원론 159페이지에서 이렇게 말했습니다

"중생은 지식적, 감정적, 도덕적으로 즉시 모든 사람에게 영향을 미치는 홀연적인 변화입니다"

침례교 신학자 스트롱(A. H. Strong)은 구원받은 사람의 변화에 대해 이렇게 말했습니다

"중생은 즉각적인 변화입니다. 중생은 점진적으로 서서히 이루어지는 일이 아닙니다. 변화를 준비하기 위한 하나님의 섭리와 성령의 역사는 점진적으로 일어날 수 있고, 중생이 있기 전과 후에 자신의 중생을 인식하는 것도 서서히 올 수도 있습니다. 그러나 중생 그 자체는 성령의 영향으로 인해 일어나는 순간적인 일이며, 한순간 영혼의 성향이 바뀌어 하나님에게 적대적이던 사람이 하나님을 사랑하는 사람으로 변화됩니다(Systematic Theology, p. 826)"

침례교 신학자 에릭슨(Millard J. Erickson)은 구원받은 사람의 변화에 대해 이렇게 말했습니다

"첫째, 중생은 새로운 그 무엇, 즉, 사람의 자연적 성향의 전체적인 반전을 포함하고 있습니다. 나아가서 중생 그 자체는 즉각적인 것 같이 보입니다. 중생을 묘사함에 있어서 그것이 단일한 행동이 아니라 하나의 과정이라는 암시를 하는 내용은 어디에서도 찾아볼 수 없습니다(Christian Theology, pp.956-57)"

장로교 신학자 찰스 하지(Charles Hodge)는 구원받은 사람의 변화에 대해 이렇게 말했습니다

"중생은 즉각적이어야 합니다. 산 것과 죽은 것 사이에 중간 상태는 없습니다(Systematic Theology, p.688)"

장로교 신학자 워필드(B. B. Warfield)는 구원받은 사람의 변화에 대해 이렇게 말했습니다

"중생이란 성령 하나님의 역사로 인해(딛 3:5, 엡 4:24) 영혼 속에 일어나는 근본적이고 완벽한 변화입니다(롬 12:2, 엡 4:23). 이로 말미암아 우리는 '새로운 사람'(엡 4:24, 골 3:10)이 되어, 더 이상 세상을 따라가는

것이 아니라 지식과 진리의 거룩함으로 하나님의 형상을 따라 다시 지은 바가 된 것입니다(Biblical and Theological Studies, p. 351)"

역시 장로교 신학자 벌콤(Louis Berkhof)은 구원받은 사람의 변화에 대해 이렇게 말했습니다

"중생이란 새로운 영적 생명의 원리가 사람 안에 심어지는 것이며, 영혼의 지배적인 성향이 근본적으로 바뀌는 것입니다. 중생은 인간 본성의 즉각적인 변화이며, 즉시 전인적이며, 지적이며, 감정적이며, 도덕적으로 영향을 미칩니다(Systematic Theology, p. 468)"

그러므로 예수님을 믿어 구원받았다고 하면서도 근본적이고 즉각적인 내적 변화가 없다면 그 구원은 가짜 구원입니다. 사람이 거듭나면 내 노력이나 결심이나 결단 때문에 변화가 일어나는 것이 아니라 성령의 능력으로 말미암아 어느 한 순간을 기점으로 하나님과의 관계가 변하고, 따라서 인격이 변하기 때문에 그 전과는 분명히 다른 삶을 살아가게 됩니다. 하지만 하나님의 생명이 없는 사람은 진정한 변화가 일어나지 않습니다. 삶은 콩에다가 적당한 온도를 조절하고 깨끗한 물을 아무리 많이 주어도 콩나물로 자라지 않는 것과 같습니다. 어떤 사람이 구원을 받으면 그 즉시 "이것이 구원이구나?"하고 깨달아집니다. 마음속에 있는 하수도 구멍이 뻥하고 뚫린 것과 같습니다. 어깨에서 무거운 짐을 내려놓는 기분을 느끼게 됩니다. 그리고 가슴이 뜨거워지고 눈물을 흘리

며 하나님을 찬양하는 경우도 있습니다.

+ 구원받은 사람에게 나타나는 변화의 종류

다음에 등장하는 여러 신학자들은 구원받은 사람에게 나타나는 여러 가지 변화에 관해 말하고 있습니다.

미국 달라스 신학교 설립자 체이퍼(Lewis S. Chafer)와 달라스 신학교 2대 총장인 왈부드(John F. Walvoord)는 구원받은 사람에게 나타나는 몇 가지 변화에 대해 이렇게 말했습니다

"구원을 받은 사람은 하나님에 대한 새로운 인식, 기도에 대한 새로운 인식, 성경에 대한 새로운 이해, 죄에 대한 새로운 인식, 불신자에 대한 새로운 관심, 다른 성도에 대한 새로운 사랑, 그리스도를 닮는 인격, 자신의 구원을 의식하게 됩니다. (Major Bible Themes, pp. 214-16)"

그로마키(Robert Gromacki)와 맥아더(John Macarthur)는 구원받은 사람에게 나타나는 특징을 이렇게 제시했습니다

"하나님과의 교제 및 다른 성도와의 교제를 즐기고 있습니까? 죄에 대해 민감합니까? 하나님의 말씀에 순종하고 있습니까? 악한 세상의 것들을 거부합니까? 그리스도의 재림을 고대하고 있습니까? 삶에서 죄가 점점 줄어들고 있습니까? 다른 그리스도인들을 사랑하고 있습니까? 하나님으로부터 기도 응답을 받고 있습니까? 성령의 내적 증거를 체험하고 있습니까? 영적 진리와 오류를 구별할 수 있는 분별력이 있습니까? 성경의 기본적인 교리가 믿어집니까? 신앙 때문에 받는 고난을 감수하고 있습니까? 이런 질문의 내용을 통해 당신의 구원의 여부를 정확하게 알 수 있습니다(Is Salvation Forever?, pp. 177-184, Saved without a Doubt, pp. 67-91)"

달라스 신학교 찰스 라이리(Charles C. Ryrie) 교수는 구원받은 사람에게 나타나는 변화에 대해 간단하게 소개했습니다

"구원을 받으면 그리스도를 닮은 인격, 선한 행실, 신실한 증인의 삶, 하나님에 대한 찬양, 풍성한 헌금을 드리게 됩니다(So Great Salvation, pp. 49-50)"

이제 구원받은 사람에게 나타나는 변화를 더 자세히 살펴보겠습니다.

+ 구원을 받으면 죄에 대한 분명한 인식과 그 해결이 있습니다

구원받은 사람은 죄에서 구원을 받았기 때문에 죄가 무엇인지 알게 됩니다. 죄가 얼마나 무서운가를 알게 됩니다. 그 죄 때문에 하나님 아버지께서 사랑하는 독자 예수님을 희생시키셨다는 사실을 알게 됩니다. 하나님이 죄를 얼마나 싫어하시는가를 알게 됩니다. 원죄가 무엇이고 자범죄가 무엇이며, 지옥에 들어가는 결정적인 죄가 무엇인지도 분명하게 알게 됩니다. 사실 많은 사람들은 죄가 무엇인지 모릅니다. 그저 죄라고 하면 근본적인 죄는 모르고 근본적인 죄 때문에 생기는 죄의 열매들을 생각합니다. 자신이 살아오면서 범한 죄들만 생각합니다. 그러나 구원을 받으면 죄가 무엇이고, 자신이 어떤 죄에서 구원을 받았으며, 그 죄 문제를 해결하였기 때문에 죄에서 해방된 사실을 알고 있습니다.

+ 구원을 받으면 내적인 평안과 기쁨이 있습니다

이러한 기쁨과 평안은 구원받은 사람의 가장 큰 특징입니다. 구원받기 전에는 마음에 평안함이 없던 사람도 구원을 받으면 마음에 참된 쉼을 얻고 평화가 넘치게 됩니다. 염려, 근심, 걱정이 사라지고 비록 외적인 조건은 환난과 핍박이 있어도 마음속에 기쁨이 넘치게 됩니다. 마치지하수의 물이 밑에서 용솟음치며 올라오듯이 마음속 깊은 곳에서 기쁨이 넘쳐납니다. 예수님은 다음 구절에서 하나님이 주시는 참된 평안을 이렇게 설명하셨습니다.

"평안을 너희에게 끼치노니 곧 나의 평안을 너희에게 주노라 내가 너희에게 주는 것은 세상이 주는 것과 같지 아니하니라 너희는 마음에 근심하지도 말고 두려워하지도 말라"(요 14:27)

그러므로 구원받은 사람은 세상의 기쁨과 비교할 수 없는 다른 차원의 기쁨이 넘쳐납니다. 사도 바울은 구원받지 못한 죄인이 걸어가는 길에는 "파멸과 고생이 그 길에 있어 평강의 길을 알지 못하였고"(롬 3:16-17)라고 말했습니다. 죄인의 인생길은 참된 쉼이 없고, 평안함이 없고, 오히려 고생과 파멸만 있습니다. 하박국 선지자는 무엇 때문에 기뻐하였을까요? 어떠한 상황에서 기뻐하였을까요?

"비록 무화과나무가 무성하지 못하며 포도나무에 열매가 없으며 감람나무에 소출이 없으며 밭에 먹을 것이 없으며 우리에 양이 없으며 외양간에 소가 없을지라도 나는 여호와로 말미암아 즐거워하며 나의 구원의 하나님으로 말미암아 기뻐하리로다 주 여호와는 나의 힘이시라 나의 발을 사슴과 같게 하사 나를 나의 높은 곳으로 다니게 하시리로다 이 노래는 지휘하는 사람을 위하여 내 수금에 맞춘 것이니라"(합 3:17-19)

하박국 선지자가 겪었던 곤경을 우리 시대에 적용해보면 그는 완전히 망한 것입니다. 농사를 짓는 사람이라면 농사가 망했고, 사업을 하는 사람이라면 사업이 망했고, 장사하는 사람이라면 장사가 망했습니다. 그러한 곤경에서 하박국 선지자는 기뻐하였습니다. 사업에 성공해서가 아니라 하나님 때문에 기뻐하였고, 그분이 자신의 아버지가 된다는 사실 때문에 기뻐했고, 하나님이 자신의 구원의 하나님이 되시기 때문에 기뻐했고, 자신이 구원을 받았기 때문에 기뻐했습니다. 사실 구원받은 사람은 모든 것이 다 망해도 망한 것이 아니기 때문입니다. 자신이 하나님의 자녀이기 때문에 어떤 상황에서도 망하지 않습니다. 그래서 구원받으면 어떤 상황에서도 기뻐하며 평안을 누리게 됩니다.

+ 구원을 받으면 말씀에 대한 새로운 이해와 말씀을 사모합니다

다윗은 자신이 경험한 하나님의 말씀의 맛에 이렇게 표현했습니다.

"주의 말씀의 맛이 내게 어찌 그리 단지요 내 입의 꿀보다 더 다니이다"(시 119:103)

성경은 너무나 방대한 책이다. 신약은 27권, 구약은 39권, 모두 합하면 66권의 책입니다. 방대한 성경을 이루기 위해 1,600년이라는 기간이 걸렸습니다. 구약 창세기를 모세가 기록한 때부터 사도 요한이 요한계시록을 기록한 때까지의 기간이 무려 1,600년이나 걸렸습니다. 이러한 성경이기 때문에 그것을 전부 이해하기는 어렵습니다. 특히 예언서의 경우는 더 어렵습니다. 성경은 주 후 100년경에 이미 기록이 끝났습니다. 성경 기록이 끝난 시점에서 오늘의 현대와의 시대적 간격이 무려 약 2,000년이나 됩니다. 성경이 기록된 당시와 오늘의 현대를 비교해 보면 모든 것이 달라지고 변했습니다. 사회, 문화, 언어, 풍습 등 다양하게 변했습니다. 그래서 성경은 이해하기가 어려운 책입니다.

하지만 구원을 받으면 말씀을 이해할 수 있는 이유는 성경의 진정한 저자이신 성령께서 구원받은 사람의 마음에 들어와 내재하시면서 말씀을 깨닫게 해주시기 때문입니다. 그 성령께서 구원받은 사람의 스승이 되어 주십니다. 다음 구절은 이 점을 명확하게 뒷받침해줍니다.

"그러나 진리의 성령이 오시면 그가 너희를 모든 진리 가운데로 인도하시리니 그가 스스로 말하지 않고 오직 들은 것을 말하며 장래 일을 너희에게 알리시리라"(요 16:13)

그래서 구원받은 사람은 성경이 이해 되고 깨닫게 되니 더욱 말씀을 사모하고, 성경 말씀을 열심히 읽고, 말씀을 듣기 위해서 예배에 열심히 참석하고, 말씀을 배우기 위해서 성경을 열심히 공부하고, 말씀을 다른 사람에게 전하게 됩니다.

+ 구원을 받으면 구원받지 못한 영혼에 대한 관심이 있습니다

구원받은 사람은 자신이 어떤 처지에서 구원을 받았는지 알고 있기 때문에 다른 영혼에게 관심을 가지고 복음을 전합니다. 사람이 구원받지 못하면 행복한 삶을 살지 못하고 나중에는 무서운 지옥에서 하나님으로부터 영원히 분리되어 고통을 당한다는 것을 알기 때문에 복음을 전하는 것입니다. 구원받은 사람은 다른 영혼에게 관심을 가지고 가장 놀라운 예수님을 소개하며, 가장 놀라운 하늘나라를 소개하는 것입니다.

+ 구원을 받으면 하나님과 하나님의 자녀들을 사랑합니다

하나님의 사랑과 은혜로 구원을 받았기 때문에 당연히 하나님을 사랑하고 하나님의 자녀들인 형제자매들을 사랑하게 됩니다. 우리는 구원받기 전에 사랑이 무엇인지 몰랐지만, 예수님이 우리를 위해서 돌아가신 십자가의 사건을 통하여 사랑을 배우게 되었습니다. 다음 구절의 역사 속으로 들어가 보십시오.

"그가 우리를 위하여 목숨을 버리셨으니 우리가 이로써 사랑을 알고

우리도 형제들을 위하여 목숨을 버리는 것이 마땅하니라"(요일 3:16)

우리는 참되고 진실한 사랑을 십자가의 사건을 통하여 배웠습니다. 만약에 십자가의 사건이 없었다면 우리는 결코 참된 사랑을 배우지도 못했을 것입니다. 하나님은 십자가의 사건을 통해 우리에게 사랑이 무엇인지 가르쳐주셨습니다. 이보다 더 성경적인 선포가 또 있을까요?

"하나님의 사랑이 우리에게 이렇게 나타난바 되었으니"(요일 4:9-10)

십자가의 사건이 없었다면 하나님의 사랑은 나타나지 않았을 것입니다. 성경은 또다시 선포합니다.

"하나님이 자기의 독생자를 세상에 보내심은 저로 말미암아 우리를 살리려 하심이니라"

이 말씀에 의하면 우리는 죽어 있었습니다. 아니 영원한 사망인 지옥 형벌을 받을 수밖에 없는 처지에 놓여 있었지만, 하나님은 우리를 버려두지 않으시고, 오히려 관심을 가지고 우리를 살리려고 그 아들 독생자 예수님을 보내주셨습니다. 이것이 바로 하나님의 사랑입니다.

"사랑은 여기 있으니 우리가 하나님을 사랑한 것이 아니요 하나님이 우리를 사랑하사 우리 죄를 속하기 위하여 화목 제물로 그 아들을 보내

셨음이니라"(요일 4:10)

이 얼마나 당당한 선포입니까?

'사랑은 여기 있으니'

당신이 진정한 사랑을 찾지 못했다면 이제 십자가에서 진실한 사랑을 찾아야 합니다. 구원받은 사람은 하나님의 사랑을 깨닫고, 배우고, 믿은 사람들이기 때문에 우리도 하나님을 사랑하게 됩니다. 사랑은 사랑을 요구하기 때문입니다. 누구나 진실한 사랑을 받으면 진실한 사랑을 실천할 수 있습니다.

"우리가 사랑함은 그가 먼저 우리를 사랑하셨음이라"(요일 4:19)

구원받은 사람은 하나님만 사랑하는 것이 아니라 하나님의 자녀들인 형제자매도 사랑하게 됩니다. 누가 하나님께 속한 사람일까요? 누가 빛 가운데 거한 사람일까요? 누가 사망에서 벗어나 생명에 들어간 사람일까요? 반대로 누가 마귀에게 속한 사람일까요? 누가 어둠 가운데 속한 사람일까요? 누가 사망에 머물러 있는 사람일까요? 누가 살인하는 자일까요? 누가 눈이 멀었을까요? 이 모든 차이는 '믿는 형제자매들을 사랑하는가? 사랑하지 못하는가?'의 차이에 달려 있습니다. 다음 구절들은 이 점을 명확하게 뒷받침해줍니다.

"이러므로 하나님의 자녀들과 마귀의 자녀들이 드러나나니 무릇 의를 행하지 아니하는 자나 또는 그 형제를 사랑하지 아니하는 자는 하나님께 속하지 아니하니라, 빛 가운데 있다 하면서 그 형제를 미워하는 자는 지금까지 어둠에 있는 자요 그의 형제를 사랑하는 자는 빛 가운데 거하여 자기 속에 거리낌이 없으나 그의 형제를 미워하는 자는 어둠에 있고 또 어둠에 행하며 갈 곳을 알지 못하나니 이는 어둠이 그의 눈을 멀게 하였음이라, 우리는 형제를 사랑함으로 사망에서 옮겨 생명으로 들어간 줄을 알거니와 사랑하지 아니하는 자는 사망에 머물러 있느니라 그 형제를 미워하는 자마다 살인하는 자니 살인하는 자마다 영생이 그 속에 거하지 아니하는 것을 너희가 아는 바라, 우리가 하나님을 사랑하고 그의 계명들을 지킬 때에 이로써 우리가 하나님의 자녀를 사랑하는 줄을 아느니라"(요일 3:10, 2:9-11, 3:14-15, 5:2)

우리가 형제자매들을 사랑하는 것이야말로 구원받은 증거가 됩니다. 진정한 사랑은 구원받은 사람들이 실천할 수 있습니다. 본래 인간은 참된 사랑을 실천할 수 없었습니다. 사랑은 하나님께 속한 것이기 때문에 우리가 구원을 받을 때 하나님의 사랑을 체험하고 배워서 그 사랑을 실천하게 되었습니다. 하나님은 사랑의 동기에 대해 말씀하십니다.

"사랑하는 자들아 우리가 서로 사랑하자 사랑은 하나님께 속한 것이니 사랑하는 자마다 하나님으로부터 나서 하나님을 알고, 어느 때나 하나님을 본 사람이 없으되 만일 우리가 서로 사랑하면 하나님이 우리 안에 거하시고 그의 사랑이 우리 안에 온전히 이루어지느니라"(요일 4:7, 12)

그래서 구원받은 사람은 하나님뿐만 아니라 다른 사람도 사랑하는 것입니다.

+ 구원을 받으면 하나님의 뜻과 말씀을 따르고 순종합니다

우리가 진짜 참된 구원을 받으면 예수님을 우리의 삶의 주인으로 모시고 섬기게 됩니다. 예수님을 삶의 주인으로 모신 사람은 하나님 말씀에 순종합니다. 그러나 자신이 구원을 받았다고 하면서 하나님을 따르지도 않고 하나님의 말씀에 순종하지 않는다면 그 구원은 가짜 구원입니다. 이것은 우리가 천국 가는 자격을 얻기 위해서 순종하는 것이 아니라 은혜에 보답하는 마음으로 순종하는 것입니다.

기독교와 불교의 차이가 무엇일까요? 기독교는 신앙생활을 처음에 시작할 때부터 엄청난 구원을 받고 시작합니다. 하지만 불교는 그 구원을 얻기 위해서 시작합니다. 선한 행동을 왜 하게 될까요? 기독교는 구원을 받았기 때문에 감사해서 하나님께 보답하기 위해서 하지만 불교는 그 구원을 이루고 마지막 경지에 도달하기 위해서 합니다. 그러나 중요한 것은 아무리 노력해도 도달할 수 없는 것이 불교의 구원이요, 인간의 종교라는 것입니다. 그래서 기독교는 독선처럼 보입니다. 예수님은 다음 구절에서 위대한 선언을 하셨습니다.

"내가 유일한 길이다. 나 외에는 다른 길이 없다."(요 14:6)

사도 바울도 이 점에 대해 언급했습니다.

"천하 인간에 구원을 얻을 만한 다른 구원자를 주신 적이 없느니라"(행 4:12)

그래서 구원받은 사람은 삶 가운데서 하나님을 섬기고 하나님께 순종하게 됩니다. 다음 구절에 나오는 메시지에서 우리는 그 사실을 발견합니다.

"우리가 그의 계명을 지키면 이로써 우리가 그를 아는 줄로 알 것이요 그를 아노라 하고 그의 계명을 지키지 아니하는 자는 거짓말하는 자요 진리가 그 속에 있지 아니하되 누구든지 그의 말씀을 지키는 자는 하나님의 사랑이 참으로 그 속에서 온전하게 되었나니 이로써 우리가 그의 안에 있는 줄을 아노라 그의 안에 산다고 하는 자는 그가 행하시는 대로 자기도 행할지니라"(요일 2:3-6) 만일 우리가 하나님의 계명을 지키지 않으면 우리는 하나님을 모르는 사람이다. 하나님을 모르면 당연히 구원받은 것이 아니다. 구원받은 사람은 하나님의 참된 사랑을 온전히 깨달았기 때문에 말씀에 순종하고 지키게 된다. 하지만 말씀을 순종하지 않는 사람은 거짓말하는 자요, 참된 진리가 없는 구원을 받지 못한 사람이다. 그래서 구원을 받았다면 말로 시인하는 것보다 행함으로 시인해야 한다. 다음 구절에 나오는 메시지에서 우리는 그 진리를 본다. "그들이 하나님을 시인하나 행위로는 부인하니 가증한 자요 복종하지 아니하는 자요 모든 선한 일을 버리는 자니라"(딛 1:16)

✛ 구원을 받으면 다른 성도들과 교제를 즐기게 됩니다

진짜 참된 구원을 받은 사람은 다른 형제자매들을 사랑하고 함께 말씀을 나누며 서로 기도하며 교제를 즐기게 됩니다. 서로 영이 통하기 때문입니다. 하지만 불신자하고는 진정한 교제가 되지 않습니다. 서로 영이 다르기 때문이지요. 불신자는 영적인 일에 대해서 이해가 되지 않고 깨닫지도 못합니다. 다음의 말씀은 의심할 나위 없는 성경의 메시지입니다.

"육에 속한 사람은 하나님의 성령의 일들을 받지 아니하나니 이는 그것들이 그에게는 어리석게 보임이요, 또 그는 그것들을 알 수도 없나니 그러한 일은 영적으로 분별되기 때문이라"(고전 2:14)

여기에서 말하는 '육에 속한 자'란 구원받지 못한 불신자를 말합니다.

그러니 불신자와 신자는 서로 통할 리가 없습니다. 하지만 믿는 사람들은 서로 통합니다. 그들은 하나님의 말씀을 믿고 배우기 때문에 성경적인 사고를 하게 됩니다. 생각이 같고 관심이 같으며 행동도 같기 때문에 교제가 이루어집니다. 그러면 믿는 형제자매들만 사랑하고 믿지 않는 사람들은 사랑하지 말고 사귀지 말라는 뜻일까요? 결코 믿지 않는 사람들을 무조건 사귀지 말라는 것은 아닙니다. 만약 그들을 사귀지 않으려면 세상 밖으로 나가야 할 것입니다. 다음 구절은 이 점을 뒷받침해 줍니다.

"이 말은 이 세상의 음행하는 자들이나 탐하는 자들이나 속여 빼앗는 자들이나 우상 숭배하는 자들을 도무지 사귀지 말라 하는 것이 아니니 만일 그리하려면 너희가 세상 밖으로 나가야 할 것이라"(고전 5:10)

+ 구원을 받으면 세상과 구별된 삶을 살아갑니다

하나님은 분명하게 말씀하고 계셨습니다.

"이 세상이나 세상에 있는 것들을 사랑하지 말라 누구든지 세상을 사랑하면 아버지의 사랑이 그 안에 있지 아니하니 이는 세상에 있는 모든 것이 육신의 정욕과 안목의 정욕과 이생의 자랑이니 다 아버지께로부터 온 것이 아니요 세상으로부터 온 것이라"(요일 2:15-16)

여기에 등장하는 '세상'이란 사람이 사는 세상이나 창조된 물질세계가 아니라 사탄에 의해 지배받고 하나님과 의를 거스른 죄 된 세상, 혹은 죄의 영역을 가리킵니다. 이 말씀은 죄가 인간에게 어떻게 다가오는지 설명해 줍니다. 마귀 사탄은 옛날이나 지금이나 동일한 방법으로 사람들을 유혹합니다. 육신의 정욕과 안목의 정욕과 이생의 자랑으로 유혹합니다. 육신의 정욕은 육신에 호소하는 것이요, 안목의 정욕은 우리의 눈에 호소하는 것이요, 이생의 자랑은 이 세상의 명예에 호소하는 것입니다.

마귀 사탄은 일류의 조상 아담에게 동일한 방법으로 유혹하였습니다. 육신의 정욕에 해당하는 '먹음직'하고, 안목의 정욕에 해당하는 '보암직'하고, 이생의 자랑에 해당하는 '지혜롭게 할 만큼 탐스럽기도 한 나무'를 통해서 유혹하고 아담과 하와를 공격하였습니다. 마태복음 4장에서 마귀 사탄은 예수님을 유혹할 때도 이 세 가지 방법을 사용했으나 예수님은 말씀에 무장되어 있어서 그 유혹을 물리치셨습니다.

오늘날도 동일한 방법으로 마귀 사탄은 역사합니다.

흔히 이 세 가지를 이성의 문제, 황금의 문제, 영광의 문제로 분류합니다. 이성의 문제는 육신의 정욕에 호소하는 성적인 문제와 쾌락을 추구하는 부분에 사탄이 유혹하는 것을 말합니다. 황금의 문제는 물질과 부의 문제로 사탄이 유혹하는 것을 말합니다. 영광의 문제는 명예와 연관하여 유혹하는 것을 말합니다. 그래서 진짜 참된 구원을 받은 사람은 이러한 세상과 구별된 삶을 살아갑니다.

+ 구원을 받으면 내적으로 그리스도가 계신다는 사실을 체험합니다

"그의 성령을 우리에게 주시므로 우리가 그 안에 거하고 그가 우리 안에 거하시는 줄을 아느니라"(요일 4:13)

구원받은 사람은 자신의 삶 가운데서 예수님과 동행하며 그분을 섬기고 그분의 인도를 받습니다. 기도를 통하여 그분과 대화하며 삶 가운데서 그분이 함께하시는 것을 체험하고 감사하게 됩니다. 구원받은 사람은 성령의 인도함도 받습니다. 성령께서 인도해 주지 않고 전혀 성령을 체험하지 못한다면 과연 그 사람이 하나님의 자녀일까요? 바울은 이 점을 분명하게 말합니다.

"성령이 친히 우리의 영과 더불어 우리가 하나님의 자녀인 것을 증언하시나니"(롬 8:16)

누가 과연 하나님의 아들입니까? 하나님은 상당히 명확하게 말씀하십니다.

"무릇 하나님의 영으로 인도함을 받는 사람은 곧 하나님의 아들이라"(롬 8:14)

구원받은 사람은 반드시 기도의 응답을 받습니다. 자녀이기에 당연히 기도 응답을 받습니다. 구원받은 사람은 세상으로부터 미움을 받습니다. 하나님은 이러한 사실에 대해 말씀하셨습니다.

"너희가 세상에 속하였으면 세상이 자기의 것을 사랑할 것이나 너희는 세상에 속한 자가 아니요 도리어 내가 너희를 세상에서 택하였기 때문에 세상이 너희를 미워하느니라"(요 15:19)

물론 세상과 타협하며 살아간다면 미움을 당하지 않을 수도 있습니다. 성경은 명확하게 말씀합니다.

"무릇 그리스도 예수 안에서 경건하게 살고자 하는 자는 박해를 받으리라"(딤후 3:12)

+ 구원을 받으면 삶에서 열매를 맺습니다

구원받은 사람은 자신의 삶 가운데서 하나님의 인격을 나타낼 책임이 있습니다. 열매를 맺는다는 것은 예수님이 우리 삶 속에서 그의 인격을 구현하시며 우리 안에 그의 생활양식을 심어 주시는 것입니다. 진짜 참된 구원을 받은 사람이 자신의 삶 속에서 맺을 수 있는 열매는 갈라디아서 5장 22절과 23절에 잘 나타나 있습니다. 구원받은 사람은 성령을 소유하고 있기 때문에 말하는 단호한 말씀이 아닐까요?

"그의 성령을 우리에게 주시므로 우리가 그 안에 거하고 그가 우리 안에 거하시는 줄을 아느니라"(요일 4:13)

성령의 열매야말로 성령님이 내주하신다는 증거입니다. 성령의 열매는 예수님의 인격을 잘 보여줍니다. 성령의 열매들은 다른 사람과의 관계를 통하여 맺을 수 있음을 보여줍니다. 그러므로 사랑과 희락과 화평과 오래 참음과 자비와 양선과 충성과 온유와 절제의 열매가 무엇인지 살펴보십시오.

사랑은 관계에서 주고받는 것이며, 희락은 바른 관계의 결과입니다. 화평은 올바른 관계의 결과입니다. 오래 참음은 관계유지를 위하여 사람에 대하여 오래 참는 것입니다. 자비는 관계를 맺을 때의 태도를 나타냅니다. 양선은 관계에서 나오는 착한 마음입니다. 충성은 관계의 방법으로 상대방에게 최선을 다하는 것입니다. 온유는 관계 안에서 복종하려는 의지입니다. 절제는 관계의 통제를 나타냅니다.

성령의 열매를 통하여 배울 수 있는 중요한 교훈은 어떤 사람이 진정으로 구원받은 사람인가를 구분해 준다는 것입니다. 성령의 열매가 성령을 소유한 사람이 보여줄 수 있는 특징들이기 때문입니다. 구원을 받았다는 사람이 삶에서 참지 못하고, 절제하지 못하고, 기뻐하지 못하고, 사랑을 실천하지 않는다면 그 사람의 구원은 의심하지 않을 수 없는 것입니다. 당신은 구원받은 사람으로서 삶 가운데 성령의 열매를 맺으며

+ 구원을 받으면 심판에 대한 두려움이 없습니다

구원받은 사람은 온전한 사랑을 체험했고, 그 온전한 사랑이 두려움을 내쫓기 때문에 심판에 대한 두려움이 없습니다. 온전한 사랑 안에는 두려움이 없습니다. 자신의 죄 문제를 다 처리한 의인이기 때문에 심판에 대한 두려움이 없습니다. 구원받은 사람은 분명히 심판이 없습니다 (요 5:24). 그러면 누가 두려워할까요? 두려워하는 자는 사랑 안에서 온전히 이루지 못한 사람이기 때문에 죄의 형벌을 받을 수밖에 없습니다. 그분의 말씀에 귀 기울여보십시오.

"이로써 사랑이 우리에게 온전히 이루어진 것은 우리로 심판 날에 담대함을 가지게 하려 함이니 주께서 그러하심과 같이 우리도 이 세상에서 그러하니라 사랑 안에 두려움이 없고 온전한 사랑이 두려움을 내쫓나니 두려움에는 형벌이 있음이라 두려워하는 자는 사랑 안에서 온전히 이루지 못하였느니라"(요일 4:17-18)

진정으로 구원받은 사람은 자신의 삶에서 반드시 구원받은 증거를 나타낼 수 있어야 합니다.

11.
구원받은 사람은
성령으로 말씀을 살아낸다

"여호와의 말씀이니라 보라 날이 이르리니 내가 이스라엘 집과 유다 집에 새 언약을 맺으리라 이 언약은 내가 그들의 조상들의 손을 잡고 애굽 땅에서 인도하여 내던 날에 맺은 것과 같지 아니할 것은 내가 그들의 남편이 되었어도 그들이 내 언약을 깨뜨렸음이라 여호와의 말씀이니라 그러나 그 날 후에 내가 이스라엘 집과 맺을 언약은 이러하니 곧 내가 나의 법을 그들의 속에 두며 그들의 마음에 기록하여 나는 그들의 하나님이 되고 그들은 내 백성이 될 것이라 여호와의 말씀이니라 그들이 다시는 각기 이웃과 형제를 가리켜 이르기를 너는 여호와를 알라 하지 아니하리니 이는 작은 자로부터 큰 자까지 다 나를 알기 때문이라 내가 그들

의 악행을 사하고 다시는 그 죄를 기억하지 아니하리라 여호와의 말씀이니라"(렘 31:31-34)

+ 새 언약

하나님께서는 구약의 결론으로 새 언약을 준비하셨습니다. 이스라엘 백성들이 깨뜨린 옛 언약은 율법으로서 공의의 법을 나타냅니다. 율법은 우리 인간이 살아내야 하는 법이라고 할 수 있습니다. 그런데 문제는 율법이 우리가 살아가야 할 정확한 기준은 제시하지만 그렇게 살아갈 능력을 주지 않는다는 것입니다. 그러므로 인간은 그 어떤 사람이라도 율법을 완벽하게 지켜낼 수 없습니다.

그렇다면 우리는 이 문제를 어떻게 해결할 수 있을까요? 인간은 죽었다, 깨어나도 이 문제를 해결할 수 없고, 오직 우리 하나님께서 새 언약을 통해서 해결하셨습니다. 우리 하나님께서는 이 문제를 해결하기 위해 새 언약을 준비하셨습니다. 예레미야 31장 31절에 등장하는 "날이 이르리니"라는 말씀은 미래형으로 되어 있기 때문에 구약에서는 새 언약이 이루어지지 않았습니다. 하지만 예수님이 완성하신 완전한 복음을 믿는 사람들에게는 새 언약이 이미 이루어졌습니다.

그렇다면 새 언약이란 무엇일까요? 바로 우리 예수님께서 완성하신 십자가의 완전한 복음입니다. 사랑의 하나님께서 새 언약의 복음을 준비하셨습니다. 우리 하나님은 우리가 상상할 수 없는 어마어마한 복음을 준비하신 것입니다. 우리 인간의 병든 자아까지도 해결할 수 있는 총체적인 복음을 준비하셨습니다. 그렇다면 이 새 언약이 언제 이루어졌을까요? 예레미야 31장 31절부터 34절의 말씀은 "그날 후에" 이루어진다고 말씀합니다. 그렇다면 그날이 언제일까요? 바로 예수님께서 십자가에서 복음을 완성하신 그날입니다. 그날에 하나님께서 준비하신 총체적인 복음이 완성되었습니다. 그러므로 율법은 죽이는 법이었지만 예수님이 완성하신 십자가의 완전한 복음은 살아내게 하는 법입니다. 그러므로 예수님이 완성하신 완전한 복음은 하나님의 말씀을 살아내게 합니다. 이것이 바로 우리 예수님이 완성하신 완전한 복음의 특징이요 복음의 결론입니다.

+ 말씀을 살아내는 비결

그렇다면 우리가 어떻게 하나님의 말씀을 살아낼 수 있을까요? 하나님의 법을 우리의 마음에 기록함으로 하나님의 말씀을 살아낼 수 있습니다. 그러므로 우리 마음에 하나님의 말씀이 살아 있다면, 우리는 하나님의 말씀을 살아낼 수 있습니다. 그러므로 에스겔은 하나님께서 자신의 법을 우리의 속에 두며, 우리의 마음에 기록하시기를 원하신다고 말씀합니다.

"또 새 영을 너희 속에 두고 새 마음을 너희에게 주되 너희 육신에서 굳은 마음을 제거하고 부드러운 마음을 줄 것이며 또 내 영을 너희 속에 두어 너희로 내 율례를 행하게 하리니 너희가 내 규례를 지켜 행할지라 내가 너희 조상들에게 준 땅에서 너희가 거주하면서 내 백성이 되고 나는 너희 하나님이 되리라"(겔 36:26-28)

그러므로 우리가 예수님이 완성하신 완전한 복음을 우리의 마음에 받아드리면 굳은 마음이 제거됩니다. 마치 굳은살이 베기면 감각이 둔해지는 것처럼 굳은 마음으로는 하나님의 말씀을 살아낼 수 없기 때문입니다. 그래서 하나님은 우리에게서 굳은 마음을 제거하고 부드러운 마음을 주십니다.

우리가 하나님의 말씀을 살아낼 수 있는 또 다른 비결은 무엇일까요? 우리에게 성령님이 오시므로 우리는 하나님의 말씀을 살아낼 수 있습니다. 에스겔서 36장 27절을 보십시오.

"또 내 영을 너희 속에 두어 너희로 내 율례를 행하게 하리니 너희가 내 규례를 지켜 행할지라"

여기서 "내 영을 너희 속에 두어"라는 말씀을 살펴보십시오. 우리 하나님께서 하나님의 성령을 우리 속에 두시겠다고 말씀하십니다. 그리고 성령님을 우리 속에 두신 목적이 무엇입니까?

"너희로 내 율례를 행하게 하리니"

우리로 하여금 하나님의 말씀을 행하게 하려고 성령님을 우리의 마음에 두셨습니다.

"너희가 내 규례를 지켜 행할지라"

그렇습니다. 성령님이 우리 안에 오시면 우리가 하나님의 말씀을 지켜 행할 수 있습니다. 다른 말로 바꾸어 말하면 우리 속에 성령님이 오시면 우리는 하나님의 말씀을 살아낼 수 있습니다.

이제 다시 아사야 31장 12절부터 15절을 보십시오.

"그들은 좋은 밭으로 인하여 열매 많은 포도나무로 인하여 가슴을 치게 될 것이니라 내 백성의 땅에 가시와 찔레가 나며 희락의 성읍 기뻐하는 모든 집에 나리니 대저 궁전이 폐한 바 되며 인구 많던 성읍이 적막하며 오벨과 망대가 영원히 굴혈이 되며 들나귀가 즐기는 곳과 양 떼의 초장이 되려니와 마침내 위에서부터 영을 우리에게 부어 주시리니 광야가 아름다운 밭이 되며 아름다운 밭을 숲으로 여기게 되리라"(사 32:12-15)

여기 이사야 32장 12절부터 15절은 우리에게 성령님이 필요한 상황을 설명하고 있습니다. 그래서 12절부터 14절 말씀은 완전히 절망적인 상황을 이야기하고 있습니다.

여기서 절망적인 상황은 어떤 모습일까요? 완전히 가슴을 치게 될 절망적인 상황입니다. 내 백성의 땅에 가시와 찔레가 나게 되어 절망적인 상황입니다. 과거에는 희락의 성읍이었지만 그곳에 가시와 찔레가 나게 되어 절망적인 상황입니다. 기뻐하는 모든 집에 가시와 찔레가 나게 되어 절망적인 상황입니다. 궁전이 폐하여지고, 인구 많던 성읍이 적막하고, 오벨과 망대가 폐허가 되어 절망적인 상황입니다.

하지만 15절 말씀은 모든 절망적인 상황이 사라지고 완전한 희망을 이야기합니다. 어떻게 그것이 가능할까요?

"마침내 위에서부터 영을 우리에게 부어 주시리니"

바로 성령님이 우리에게 오시기 때문입니다. 그러므로 우리에게 성령님이 오시면 광야가 아름다운 밭으로 변하게 되며, 아름다운 숲으로 변하게 된다고 말씀합니다. 그러므로 위로부터 성령님이 우리에게 오시면 예수님이 완성하신 복음이 이루어지는 것입니다.

"그 후에 내가 내 영을 만민에게 부어 주리니 너희 자녀들이 장래 일을 말할 것이며 너희 늙은이는 꿈을 꾸며 너희 젊은이는 이상을 볼 것이며 그 때에 내가 또 내 영을 남종과 여종에게 부어 줄 것이며"(욜 2:28-29)

그러므로 그날 후에 성령님이 우리에게 오시는 것입니다. 여기서 그날은 예수님께서 십자가에서 복음을 완성하신 바로 그날입니다.

그러므로 성령님이 우리에게 오셔야 복음이 완성되기 때문에 성령님이 우리에게 오셔서 우리로 하여금 복음을 살아내게 합니다. 우리 예수님께서 어떻게 복음을 완성하시고 결론을 맺으셨을까요? 성령님을 우리 안에 보내 주심으로 결론을 맺으셨습니다.

"내가 아버지께 구하겠으니 그가 또 다른 보혜사를 너희에게 주사 영원토록 너희와 함께 있게 하리니 그는 진리의 영이라 세상은 능히 그를 받지 못하나니 이는 그를 보지도 못하고 알지도 못함이라 그러나 너희는 그를 아나니 그는 너희와 함께 거하심이요 또 너희 속에 계시겠음이라"(요 14:16-17)

성령님은 진리의 영이시기 때문에 우리에게 하나님의 말씀을 깨닫게 하심으로 하나님의 말씀을 살아내게 하십니다. 하지만 요한복음 14장에서는 예수님께서 아직 영광을 받으시지 않으셨기 때문에 성령님은 아직 오시지 않았습니다. 그러나 그분이 복음을 완성하시고 우리가 완성된 복음을 믿으면 성령님이 우리에게 오십니다. 그래서 예수님은 성령님에 대해서 말씀하시기를 "믿는 자들이 받을 성령님"이라고 소개합니다.

"명절 끝날 곧 큰 날에 예수께서 서서 외쳐 이르시되 누구든지 목마르거든 내게로 와서 마시라 나를 믿는 자는 성경에 이름과 같이 그 배에서 생수의 강이 흘러나오리라 하시니 이는 그를 믿는 자들이 받을 성령을 가리켜 말씀하신 것이라 예수께서 아직 영광을 받지 않으셨으므로 성령이 아직 그들에게 계시지 아니하시더라"(요 7:37-39)

그러므로 우리가 예수님이 완성하신 복음을 믿으면 성경에서 약속하신 것처럼 우리 마음속에서 생수의 강이 흘러넘치게 됩니다. 이것은 무엇을 말씀하는 내용일까요?

"이는 그를 믿는 자들이 받을 성령을 가리켜 말씀하신 것이라"

그렇습니다. 우리가 복음을 믿으면 성령님이 우리 안에 오십니다. 우리 예수님께서 복음을 완성하시고 떠나야 성령님이 오셔서 우리 안에 영원토록 내주하십니다.

"도리어 내가 이 말을 하므로 너희 마음에 근심이 가득하였도다 그러나 내가 너희에게 실상을 말하노니 내가 떠나가는 것이 너희에게 유익이라 내가 떠나가지 아니하면 보혜사가 너희에게로 오시지 아니할 것이요 가면 내가 그를 너희에게로 보내리니"(요 16:6-7)

그러므로 우리에게 복음이 완성되지 아니하면 성령님은 절대로 오시지 않습니다.

+ 예수님과 성령님의 관계

그렇다면 예수님과 성령님은 어떤 관계일까요? 한마디로 말하면 성령님은 예수님의 영이 되십니다. 결국 두 분은 같은 분입니다. 그러나 공식적으로는 우리 예수님께서 복음을 완성하시고, 죽은 자 가운데서 부활하시고 승천하셔서 하늘나라 우편 보좌에 앉아계십니다. 하지만 우리 예수님께서 우리와 영원토록 함께 하시겠다고 약속하셨습니다.

"내가 너희에게 분부한 모든 것을 가르쳐 지키게 하라 볼지어다 내가 세상 끝날까지 너희와 항상 함께 있으리라 하시니라"(마 28:20)

그렇다면 우리 예수님께서 세상 끝날까지 어떻게 우리와 항상 함께 있을 수 있을까요? 성령님으로 오셔야 우리와 항상 함께하실 수 있습니다. 그러므로 우리 예수님은 우리와 항상 함께하시겠다는 그 약속을 성취하기 위해서 성령님으로 우리에게 오셨습니다.

그러므로 성령님은 예수님과 동일하신 분이십니다.

"내가 아버지께 구하겠으니 그가 또 다른 보혜사를 너희에게 주사 영원토록 너희와 함께 있게 하리니"(요 14:16)

여기서 "또 다른 보혜사"라는 말씀은 "같은데 또 다른 분"이라는 뜻입니다. 그러므로 동일하신 성령님을 '너희에게 주사 영원토록 너희와 함께 있게 하시리니'라고 말씀하시는 것입니다.

그러므로 성령님은 예수님의 이름으로 오시는 분이십니다.

"보혜사 곧 아버지께서 내 이름으로 보내실 성령 그가 너희에게 모든 것을 가르치고 내가 너희에게 말한 모든 것을 생각나게 하리라"(요 14:26)

찰스 스탠리는 성령님으로 우리 안에 오신 예수 그리스도에 대해 자세히 설명합니다

"예수님의 열두 제자들은 예수님의 음성을 통해 곧 무언가 큰일이 일어날 것을 감지했습니다. 예수님은 당신이 그들 곁을 떠나가실 것을 여러 차례 말씀하셨습니다(요 14:2-4, 25, 28). 예수님이 떠나가시는 그날까지 그들은 예수님이 함께 하심으로 인해 힘을 얻고 보호를 받았습니다. 예수님이 곁에 계실 때조차 쉽게 실족하곤 했던 그들은 예수님 없이 자신들 홀로 일을 해야만 한다는 생각에 분명히 많은 부담감을 느꼈을 것입니다. 따라서 예수님은 그들이 두려워하고 있음을 알았습니다. 어디를 가야 할지를 결정하는 일에서부터 사물이나 상황을 인지하는 일에 이르기까지 당신의 제자들이 얼마나 많이 당신을 의지했던가를 그분은 알고 계셨습니다. 그래서 당신이 떠나야 할 시간이 다가오자 제자들에게 당신이 가고 난 뒤 어떤 일이 일어날지 설명해 주셨던 것입니다."

예수님이 십자가에서 죽으시고 부활하신 이후 우리에게 성령님으로 오셨습니다. 그분이 성령님으로 오신 이유는 아주 분명합니다. 만약 그리스도인의 삶이 단지 최선을 다하는 삶이라면 우리를 돕기 위해서 성령님으로 오실 이유가 없습니다.

찰스 스탠리는 계속해서 예수님이 성령님으로 오신 이유를 아주 분명하게 설명합니다

"그리스도인의 삶에서 패배함으로 백기를 들려고 생각하고 있는 이들뿐만 아니라 이미 포기한 이들에게도 희망은 있습니다. 예수님이 우리에게 주신 약속을 통해 우리는 희망을 품을 수 있습니다. 예수님은 제자들이 막 희망을 버리고 포기하려 할 때 그들에게 다음과 같은 약속을 하셨습니다.

'내가 너희를 고아와 같이 버려두지 아니하고 너희에게로 오리라'(요 14:18)

그러나 이상하게도 이런 약속을 하신 지 며칠도 안 되어서 예수님은 제자들의 곁을 떠나 하늘에 계신 아버지에게로 돌아가셨습니다. 도대체 어떻게 된 일일까요? 우리들 중에는 버려진 고아와 같은 심정을 가지고 있는 그리스도인들이 많습니다. 그들은 방향 감각과 삶의 동기, 그리고 욕구를 상실한 채 자신들을 귀속시킬 명분을 찾고 있습니다. 자신들이 혼자 나름대로 최선을 다하려 합니다. 그러나 주님이 우리에게 약속하신 삶은 그런 삶이 아닙니다. 결국, 우리의 최선이란 우리가 할 수 있는 것에 지나지 않기 때문입니다. 우리가 어떻게 그 이상의 것을 할 수 있을까요? 전지전능하신 하나님은 우리가 최선을 다하는 순간을 정확히 알고 계십니다. 왜 우리가 문제를 더 복잡하게 만들고 있을까요? 예수님은 하나님께서 우리에게 바라시는 것이 인간의 최선, 그 이상의 것임을 명확하게 말씀하셨습니다. 예수님은 우리 자신의 노력으로는 도저히 이룰 수 없는 그런 삶의 모습과 태도를 우리에게 바라십니다. 따라서 주님은 이렇게 말씀하셨습니다.

'그러나 내가 너희에게 실상을 말하노니 내가 떠나가는 것이 너희에게 유익이라 내가 떠나가지 아니하면 보혜사가 너희에게로 오시지 아니할 것이요 가면 내가 그를 너희에게로 보내리니'(요 16:7)

이 말씀에 대해 생각해 보십시오. 우리가 어떤 도움도 받을 필요가 없는 존재라면 예수님이 왜 우리에게 보혜사를 보내셨을까요? 보혜사 성령님에 대한 예수님의 약속은 우리가 도움이 필요하다는 사실을 그 밑바탕에 깔고 있습니다. 보혜사에 대한 약속, 그것을 통해 예수님은 그리스도인의 삶에 대해 가장 중요한 진리를 우리에게 말씀해 주셨습니다. 즉 참된 그리스도인의 삶이란 우리의 힘으로는 도저히 이룰 수 없는 삶입니다. 예수님이 그의 제자들, 즉 우리에게 바라시는 삶은 외부의 도움이 없이는 이룰 수 없는 불가능한 삶입니다. 참된 그리스도인의 삶을 추구하는 것, 그것은 단순히 어렵고 쉽고의 문제가 아닙니다. 그것은 시간이 지나면서 쉬워지거나 익숙해지는 그런 문제도 아닙니다. 우리의 힘과 결심만으로는 이루어 낼 수 있는 그런 삶이 아닙니다. 예수님도 그것을 잘 알고 계셨습니다. 이제 우리를 고통으로부터 해방시켜 줄 진리, 즉 참된 그리스도인의 삶이란 우리가 이루어 낼 수 없는 삶이라는 것을 이해해야 합니다. 우리는 '참된 그리스도인의 삶을 살려고 애썼지만 잘 안 되었다'고 말하는 사람들을 자주 만나게 됩니다. 그렇게 말하는 사람들에게 들려줄 좋은 소식이 있습니다. 예수님의 말씀 그 자체에는 결코 문제가 없습니다. 진짜 문제는 그 사람이 성령님의 도움 없이 참된 그리스도인의 삶을 이루려고 한다는 것입니다."

그러므로 성령님은 절대로 자기 이름으로 오지 않으시고 예수님의 자격으로 오십니다. 그러므로 성령님은 예수 그리스도를 높이시고 예수님의 영광을 드러내실 것입니다.

"그러나 진리의 성령이 오시면 그가 너희를 모든 진리 가운데로 인도하시리니 그가 스스로 말하지 않고 오직 들은 것을 말하며 장래 일을 너희에게 알리시리라 그가 내 영광을 나타내리니 내 것을 가지고 너희에게 알리시겠음이라 무릇 아버지께 있는 것은 다 내 것이라 그러므로 내가 말하기를 그가 내 것을 가지고 너희에게 알리시리라 하였노라"(요 16:13-15)

성령님은 예수님의 말씀을 가르치시고 예수님을 전하시는 분이 되실 것입니다.

"오직 성령이 너희에게 임하시면 너희가 권능을 받고 예루살렘과 온 유대와 사마리아와 땅 끝까지 이르러 내 증인이 되리라 하시니라"(행 1:8)

성령님은 스스로 말씀하지 않으시고 오직 듣는 것을 말씀하실 것입니다.

"내가 아직도 너희에게 이를 것이 많으나 지금은 너희가 감당하지 못하리라 그러나 진리의 성령이 오시면 그가 너희를 모든 진리 가운데로 인도하시리니 그가 스스로 말하지 않고 오직 들은 것을 말하며 장래 일을 너희에게 알리시리라"(요 16:12-13)

그러므로 우리는 성령님을 의뢰하며 성령님의 능력으로 살아야 합니다. 우리가 만약 복음으로 구원을 받은 그리스도인이라면 우리는 반드시 성령님을 의뢰하고 그분의 능력으로 살아야 합니다. 하늘에서 오신 예수님은 3년 반 동안 이 세상에서 여러 사람들과 친히 동거하시며, 함께 걸으시며, 이야기하시는 가운데 지내셨습니다. 이러한 사람들과의 교제는 특히 그분이 사도로서 선택하셨던 제자들과의 관계에서 밀접하게 이루어졌습니다. 하지만 우리 예수님은 이 세상을 떠나셔야만 했습니다. 자신의 제자들을 이 세상에 남겨 둔 채 이 세상을 떠나서야만 했습니다. 그러면 예수님의 죽음과 부활 그리고 영광스럽게 승천하신 후에 제자들은 슬픔과 고독 가운데 버림을 받았을까요? 절대 그렇지 않습니다. 그래서 예수님은 제자들에게 분명하게 말씀하셨습니다.

"내가 너희를 고아와 같이 버려두지 아니하고 너희에게로 오리라"(요 14:18)

또한 우리 예수님은 힘차게 이렇게 말씀하셨습니다.

"그러나 내가 너희에게 실상을 말하노니 내가 떠나가는 것이 너희에게 유익이라 내가 떠나가지 아니하면 보혜사가 너희에게로 오시지 아니할 것이요 가면 내가 그를 너희에게로 보내리니"(요 16:7)

이제 예수님은 성령님을 통해서 우리에게 오셨습니다. 그분이 오시자 지금까지 단순한 육체적 동거로 함께 하시던 외적인 생활은 지나갔고, 이제 예수님이 그들 한 사람 한 사람의 마음 가운데 성령님을 통해 함께 하시는 내적 임재의 새로운 생활이 시작되었습니다. 그러므로 우리는 우리의 위대한 스승이신 성령님을 마음 가운데 모셨습니다. 우리에게 오신 성령님은 우리의 위대한 스승이 되십니다.

"그러나 진리의 성령이 오시면 그가 너희를 모든 진리 가운데로 인도하시리니 그가 스스로 말하지 않고 오직 들은 것을 말하며 장래 일을 너희에게 알리시리라"(요 16:13)

이제 우리는 우리의 스승이신 성령님의 도우심을 받으며 살아갑니다. 우리가 그분의 도움 없이 살아간다면 우리의 삶이 승리보다는 패배로, 기쁨보다는 슬픔으로, 평안보다는 혼란으로 점철되어 살아갈 수밖에 없을 것입니다. 보혜사 성령님이 없는 삶은 단지 인간이 최선을 다하는 삶에 지나지 않습니다. 그러한 삶으로는 결코 하나님의 말씀을 살아낼 수 없습니다.

+ 살아 있는 생명과 성령님과의 관계

로마서 8장은 성령님을 다루는 장으로 승리의 선포입니다. 그러므로 하나님이 복음을 통해 우리에게 주시는 예수 그리스도의 생명은 성령님과 함께 역사하여 하나님의 말씀을 살아내게 합니다. 생명의 특징이 무엇일까요? 생명의 특징은 살아내는 것입니다. 하지만 생명은 성령이 역사할 때 확실하게 살아냅니다. 그러므로 로마서 8장은 생명과 성령님의 관계를 자세히 설명합니다.

첫째로 생명의 성령의 법은 우리를 죄와 사망의 법에서 해방시켰습니다

"그러므로 이제 그리스도 예수 안에 있는 자에게는 결코 정죄함이 없나니 이는 그리스도 예수 안에 있는 생명의 성령의 법이 죄와 사망의 법에서 너를 해방하였음이라"(롬 8:1-2)

그러므로 우리는 생명의 성령의 법으로 죄와 사망의 법에서 해방되었으니 죄를 이기고 승리할 수 있습니다.

둘째로 복음과 성령을 따라 행하면 하나님의 말씀을 살아낼 수 있습니다

"율법이 육신으로 말미암아 연약하여 할 수 없는 그것을 하나님은 하시나니 곧 죄로 말미암아 자기 아들을 죄 있는 육신의 모양으로 보내어 육신에 죄를 정하사 육신을 따르지 않고 그 영을 따라 행하는 우리에게 율법의 요구가 이루어지게 하려 하심이니라"(롬 8:3-4)

"율법이 육신으로 말미암아 연약하여 할 수 없는 그것을"

그렇습니다. 율법과 인간의 병든 자아로는 하나님의 말씀을 살아낼 수 없습니다.

"하나님은 하시나니"

그렇다면 우리 하나님께서 어떻게 하나님의 말씀을 살아내게 하실까요? 복음을 통해서 살아내게 하십니다.

"곧 죄로 말미암아 자기 아들을 죄 있는 육신의 모양으로 보내어 육신에 죄를 정하사"

여기서 "곧"이라는 말은 앞뒤가 같다는 뜻입니다. 다시 말해서 "하나님은 하시나니"라고 말씀하신 다음에 "곧"이라는 말을 사용하시고, "죄로 말미암아 자기 아들을 죄 있는 육신의 모양으로 보내어 육신에 죄를 정하사"라고 말씀하셨습니다. 그러므로 이 내용은 예수님이 완성하신 복음을 나타냅니다. 하나님께서 자신의 하나밖에 없는 아들을 보내시되 죄가 있는 육신의 모양으로 보내서서, 그 예수님의 육신에 죄를 정하셨습니다. 다시 말해서 예수님의 육신의 몸으로 우리의 모든 죄를 다 담당하신 것입니다. 그러므로 예수님께서 복음을 완성하셨습니다. 그러므로 우리는 예수님이 완성하신 복음을 믿음으로 성령님이 우리에게 오셨습니다. 그러므로 이제 우리는 바로 그 성령님을 따라 행하기 때문에 하나님의 말씀을 살아낼 수 있습니다.

그러므로 바울은 로마서 8장 4절에서 "육신을 따르지 않고 그 영을 따라 행하는 우리에게 율법의 요구가 이루어지게 하려 하심이니라"라고 말씀합니다. 그러므로 예수님이 완성하신 복음을 믿는 우리가 성령님을 따라 행하면 우리에게 율법의 요구가 이루어집니다. 바울이 여기서 "육신을 따르지 않고"라고 말했는데, 우리가 육신을 따라 행하는 것은 나의 병든 자아로 살아가는 것을 말합니다. 그러므로 우리가 육신을 따라 행하면 우리는 실패할 수밖에 없습니다. 하지만 우리가 성령님을 따라 행하면 율법의 요구가 이루어집니다. 다시 말해서 하나님의 말씀을 살아낼 수 있습니다.

셋째로 우리가 성령님을 따라 행하면 예수님의 생명과 참된 평안을 누리게 됩니다

"육신을 따르는 자는 육신의 일을, 영을 따르는 자는 영의 일을 생각하나니 육신의 생각은 사망이요 영의 생각은 생명과 평안이니라"(롬 8:5-6)

그렇다면 성령을 따라 행한다는 것은 무엇을 나타낼까요? 바울은 "영을 따르는 자는 영의 일을 생각하나니"라고 말합니다. 그러므로 성령님을 따라 행하는가, 육신을 따라 행하는가의 기준은 생각에 달려 있습니다. 그러므로 육신을 따라 행하는 자는 육신의 일을 생각합니다. 성령님을 따라 행하는 자는 영적인 일을 생각합니다. 그러므로 인간의 병든 자아는 늘 자신만 생각하지만, 우리가 성령님을 따라 행하면 앉으나 서나 오직 예수님만 생각하게 합니다. 바울은 6절에서 "육신의 생각은 사망이요 영의 생각은 생명과 평안이니라"라고 말씀합니다. 그러므로 우리가 성령님을 따라 행하면 성령님은 우리로 하여금 생명과 평안을 누리게 하십니다.

넷째로 인간의 병든 자아로는 하나님의 말씀을 살아낼 수 없습니다

"육신의 생각은 하나님과 원수가 되나니 이는 하나님의 법에 굴복하지 아니할 뿐 아니라 할 수도 없음이라 육신에 있는 자들은 하나님을 기쁘시게 할 수 없느니라"(롬 8:7-8)

여기서 "육신의 생각"은 인간의 병든 자아로 살아가는 것을 말합니다. 그러므로 인간의 병든 자아로는 하나님을 기쁘시게 할 수 없을 뿐만 아니라 하나님과 원수 관계가 될 뿐입니다.

다섯째로 우리에게 내주하시는 성령님이 계시면 하나님의 말씀을 살아낼 수 있습니다

"만일 너희 속에 하나님의 영이 거하시면 너희가 육신에 있지 아니하고 영에 있나니 누구든지 그리스도의 영이 없으면 그리스도의 사람이 아니라"(롬 8:9)

여기서 "만일 너희 속에 하나님의 영이 거하시면 너희가 육신에 있지 아니하고 영에 있나니"라는 말씀이 무슨 뜻일까요? 우리에게 내주하시는 성령님이 계시면 우리가 인간의 병든 자아로 살아가지 않고 성령님을 따라 살아간다는 말씀입니다. 그러므로 우리는 하나님의 말씀을 살아낼 수 있습니다.

여섯째로 성령님께서 자신의 능력으로 예수님을 부활시키셨기 때문에 우리의 죽을 몸도 다시 살리실 수 있습니다

"또 그리스도께서 너희 안에 계시면 몸은 죄로 말미암아 죽은 것이나 영은 의로 말미암아 살아 있는 것이니라 예수를 죽은 자 가운데서 살리신 이의 영이 너희 안에 거하시면 그리스도 예수를 죽은 자 가운데서 살리신 이가 너희 안에 거하시는 그의 영으로 말미암아 너희 죽을 몸도 살리시리라"(롬 8:10-11)

그러므로 우리가 부활의 소망을 가지고 그리스도인의 삶에서 승리할 수 있습니다.

일곱째로 우리가 성령님의 능력으로 몸의 행실을 죽이면 하나님의 말씀을 살아낼 수 있습니다

"그러므로 형제들아 우리가 빚진 자로되 육신에게 져서 육신대로 살 것이 아니니라 너희가 육신대로 살면 반드시 죽을 것이로되 영으로써 몸의 행실을 죽이면 살리니 무릇 하나님의 영으로 인도함을 받는 사람은 곧 하나님의 아들이라"(롬 8:12-14)

바울은 여기서 예수님이 완성하신 복음을 믿는 우리가 육신에게 져서 육신대로 살아갈 사람이 아니라고 말씀합니다. 바울은 계속해서 "너희가 육신대로 살면 반드시 죽을 것이로되"라고 말씀합니다. 다시 말해서 인간의 병든 자아로 살아가면 반드시 넘어질 수밖에 없다고 말합니다. 죽을 수밖에 없다고 말씀합니다. 다시 말해서 하나님의 말씀을 살아낼 수 없는 것입니다. 그러므로 바울은 "영으로써 몸의 행실을 죽이면 살리니"라고 말씀합니다. 그러므로 성령님의 능력으로 우리의 병든 자아를 죽이면 우리는 반드시 하나님의 말씀을 살아낼 수 있습니다. 여기서 '살리니'라는 말씀은 하나님의 말씀을 살아낼 수 있다는 확실한 표현입니다. 그러므로 우리가 우리의 혀로 아주 단 맛을 경험하고 나면 단 맛이 나는 사과도 쓰게 느껴지듯이 우리가 성령님의 인도함을 받고 하늘의 맛을 경험하면 세상의 맛은 쓰게 느껴질 것입니다. 우리가 성령님으로 살아가면 나의 병든 자아의 욕심을 이루지 않게 됩니다.

여덟째로 성령님께서 우리의 연약함을 도우시고 우리를 위해 기도해 주시니 우리는 하나님의 말씀을 살아낼 수 있습니다

"이와 같이 성령도 우리의 연약함을 도우시나니 우리는 마땅히 기도할 바를 알지 못하나 오직 성령이 말할 수 없는 탄식으로 우리를 위하여 친히 간구하시느니라"(롬 8:26)

아홉째로 우리가 성령님 안에서 살아갈 때 모든 것이 합력하여 선을 이루게 하십니다

"우리가 알거니와 하나님을 사랑하는 자 곧 그의 뜻대로 부르심을 입은 자들에게는 모든 것이 합력하여 선을 이루느니라"(롬 8:28)

여기서 "하나님을 사랑하는 자 곧 그의 뜻대로 부르심을 입은 자들"이 누구일까요? 바로 예수님께서 십자가에서 완성하신 복음을 믿는 자들입니다. 예수님이 완성하신 복음을 확실하게 믿는 자들은 하나님의 사랑을 깨닫고 하나님을 사랑하게 됩니다. 그러면 누가 하나님의 사랑을 깨닫게 해 주셨고, 예수님이 완성하신 복음을 깨닫게 해 주셨을까요? 바로 성령님께서 깨닫게 해 주셨습니다. 그러므로 성령님 안에서 살아가면 모든 것이 합력하여 선을 이루어 주시는 것입니다.

열 번째로 예수님이 완성하신 복음을 믿는 우리는 이제 아들의 형상을 본받아 변화된 삶을 살아낼 수 있습니다

"하나님이 미리 아신 자들을 또한 그 아들의 형상을 본받게 하기 위하여 미리 정하셨으니 이는 그로 많은 형제 중에서 맏아들이 되게 하려 하심이니라 또 미리 정하신 그들을 또한 부르시고 부르신 그들을 또한 의롭다 하시고 의롭다 하신 그들을 또한 영화롭게 하셨느니라 그런즉 이 일에 대하여 우리가 무슨 말 하리요 만일 하나님이 우리를 위하시면 누가 우리를 대적하리요 자기 아들을 아끼지 아니하시고 우리 모든 사람을 위하여 내주신 이가 어찌 그 아들과 함께 모든 것을 우리에게 주시지 아니하겠느냐"(롬 8:29-32)

하나님께서는 예수님이 완성하신 복음을 통해 우리를 부르셨고, 우리를 의롭게 하셨고, 우리를 영화롭게 하셨기 때문에 누가 감히 우리를 대적할 수 있을까요? 하나님께서 아들까지 아끼지 아니하시고 우리에게 주셨으니 무엇인들 아끼실까요? 그러므로 이제 우리는 하나님의 말씀을 살아내고 승리할 수밖에 없습니다.

열한 번째로 예수님이 완성하신 복음을 믿는 우리를 이제 그 어떤 존재라도 정죄할 수 없고, 하나님의 사랑에서 끊을 수 없습니다

"누가 정죄하리요 죽으실 뿐 아니라 다시 살아나신 이는 그리스도 예수시니 그는 하나님 우편에 계신 자요 우리를 위하여 간구하시는 자시니라 누가 우리를 그리스도의 사랑에서 끊으리요 환난이나 곤고나 박해나 기근이나 적신이나 위험이나 칼이랴"(롬 8:34-35)

그러므로 로마서 8장은 성령님의 장이요, 승리의 선포입니다.

그러므로 우리는 이렇게 찬양할 수 있습니다.

"성령이 계시네. 할렐루야 함께 하시네. 좁은 길을 걸으며 밤낮 기뻐하는 것 주의 영이 함께 함이라"

그러므로 우리는 성령님의 능력으로 하나님의 말씀을 살아낼 수 있습니다. 성령님의 관심은 우리에게 어떤 은사를 주시려는 것이 아니라 우리에게 복음에 합당한 삶을 살아내게 함으로 우리의 삶에서 예수 그리스도를 영화롭게 하시는 것입니다. 그러므로 예수님이 완성하신 복음과 성령님은 서로 떨어질 수 없는 관계입니다.

12.
구원받은 사람은
자신의 병든 자아를 처리한다

　나의 병든 자아란 무엇일까요? 나를 넘어지게 만들고, 나를 실패하게 만들고, 내가 끔찍하게 여기는 죄를 범하게 만들고, 나로 하여금 정욕대로 행하게 만들고, 내가 수치스럽게 여기는 죄를 범하게 만드는 나의 병든 자아입니다. 그렇다면 이러한 나의 병든 자아를 어떻게 처리할 수 있을까요? 예수님이 십자가에서 완성하신 복음을 통해 처리할 수 있습니다.

　그리스도인들은 누구나 자신이 얼마나 큰 죄인인가를 깨닫고 복음을 통해 자신의 엄청난 죄악을 용서받고 하나님의 자녀가 되었습니다. 그런데 사도 바울은 로마서 5장 20절에서 이렇게 말합니다.

"율법이 들어온 것은 범죄를 더하게 하려 함이라 그러나 죄가 더한 곳에 은혜가 더욱 넘쳤나니"

바울은 여기서 율법은 우리의 죄를 해결해 주는 것이 아니라 죄를 더 범하게 할 뿐이라고 말합니다. 하지만 바울은 계속해서 "죄가 더한 곳에 은혜가 더욱 넘쳤나니"라고 말합니다. 이 말은 죄를 더 많이 범한 사람이 하나님께 용서를 받으면 은혜가 더 넘친다는 뜻입니다. 그렇다면 하나님의 은혜를 넘치게 받기 위해서 죄를 더 많이 범해야 할까요? 그럴 수 없습니다. 적어도 하나님의 은혜를 체험하고 구원받은 사람이라면 우리는 이제 죄를 멀리하고, 죄를 범하지 말아야 합니다. 따라서 사도 바울은 로마서 6장 1절과 2절에서 우리가 그리스도인이 되었다면 이제는 죄를 범하지 말라고 강하게 도전하고 있습니다.

"그런즉 우리가 무슨 말을 하리요 은혜를 더하게 하려고 죄에 거하겠느냐 그럴 수 없느니라 죄에 대하여 죽은 우리가 어찌 그 가운데 더 살리요"

이 말씀에서 가장 강한 표현은 "그럴 수 없느니라"는 말씀입니다. 이것은 우리 그리스도인들은 이제 죄를 범할 수 없다는 강한 표현입니다. 우리 그리스도인들이 왜 죄를 범할 수 없을까요? 우리가 죄에 대하여 죽었기 때문입니다. 그래서 바울은 "죄에 거하겠느냐 그럴 수 없느니라 죄에 대하여 죽은 우리가 어찌 그 가운데 더 살리요"라고 말합니다.

그러므로 나의 병든 자아가 죽었습니다.

+ 나의 병든 자아는 언제 죽었을까요?

예수 그리스도께서 죽으셨을 때 나의 병든 자아도 예수님과 함께 죽었습니다. 우리는 이 사실을 정확하게 알아야 합니다. 어떻게 이것이 가능할까요? "예수 그리스도 안"에서 가능합니다. 그러므로 로마서 6장 11절은 "예수 그리스도 안에서"를 강조하고 있습니다.

"이와 같이 너희도 너희 자신을 죄에 대하여는 죽은 자요 그리스도 예수 안에서 하나님께 대하여는 살아 있는 자로 여길지어다"

이것은 우리가 예수 그리스도와 연합되었다는 뜻입니다. 그러므로 사도 바울은 로마서 6장 1절부터 12절에서 예수 그리스도와의 연합을 자세히 설명합니다.

'예수 그리스도 안에서'
'예수와 합하여,
그의 죽으심과 합하여'
'그와 함께 장사되었나니,
같은 모양으로 연합한 자가 되었으면'

'예수와 함께 십자가에 못 박힌 것은,
그리스도와 함께 죽었으면'
'그와 함께 살 줄을 믿노니'

그러므로 우리가 예수 그리스도 안에서 그분의 죽음에 동참하여 그분과 함께 죽었다는 것은 우리가 예수 그리스도의 사건에 동참했다는 뜻이요, 예수 그리스도와 결혼하여 그분과 하나가 되었다는 뜻입니다. 그러므로 우리는 예수 그리스도와 연합하여 그분의 죽음과 장사와 부활에 동참했으며, 그 결과 새 생명 가운데 행하게 되었습니다.

사도 바울은 이것을 로마서 6장 3-5절에서 침례로 예를 들어 설명하고 있습니다

"무릇 그리스도 예수와 합하여 침례를 받은 우리는 그의 죽으심과 합하여 침례를 받은 줄을 알지 못하느냐 그러므로 우리가 그의 죽으심과 합하여 침례를 받음으로 그와 함께 장사되었나니 이는 아버지의 영광으로 말미암아 그리스도를 죽은 자 가운데서 살리심과 같이 우리로 또한 새 생명 가운데서 행하게 하려 함이라 만일 우리가 그의 죽으심과 같은 모양으로 연합한 자가 되었으면 또한 그의 부활과 같은 모양으로 연합한 자도 되리라"

그러므로 우리는 침례를 받을 때 물에 들어가면서 "나는 이제 죽었습니다."라고 생각해야 하며, 물에서 나올 때 "나는 이제 새사람으로서 새 생명 가운데 새롭게 살아보겠습니다."라는 마음으로 물속에서 일어나야 합니다.

+ 그렇다면 나의 병든 자아가 십자가에 못 박힌 이유가 무엇일까요?

사도 바울은 로마서 6장 6절부터 8절에서 그 이유를 정확하게 제시합니다

"우리가 알거니와 우리의 옛 사람이 예수와 함께 십자가에 못 박힌 것은 죄의 몸이 죽어 다시는 우리가 죄에게 종 노릇 하지 아니하려 함이니 이는 죽은 자가 죄에서 벗어나 의롭다 하심을 얻었음이라 만일 우리가 그리스도와 함께 죽었으면 또한 그와 함께 살 줄을 믿노니"

이 말씀은 우리가 예수님과 함께 연합하여 십자가에서 함께 죽은 이유를 분명하게 밝히고 있습니다. 그래서 사도 바울은 6절에서 '우리의 옛 사람이 예수와 함께 십자가에 못 박힌 것은'이라고 말씀합니다. 그렇다면 우리가 십자가에서 예수님과 함께 연합하여 죽은 이유가 무엇일까요? 그것은 우리가 죄에게 종노릇 하지 않기 위해서입니다. 그러므로 십자가 위에서 이루어진 예수 그리스도의 죽음은 진실로 나의 병든 자아가 십자가에서 못 박혔다는 사실을 분명하게 말씀합니다. 그러므로 우리는 죄를 범하는 부분에 대해서 이미 죽었기 때문에 이제 우리는 죄를 범하지 말아야 합니다. 우리가 죄에서 벗어나지 못하고 자꾸 넘어진다면 우리가 예수님과 함께 연합하여 죽었다는 진리를 잘 모르는 것입니다. 그러므로 이 사실을 성경의 진리를 통해 정확하게 깨닫고 죄를 범하지 말아야 합니다.

+ 그렇다면 우리는 어떻게 예수 그리스도와 연합하여 하나가 될 수 있을까요?

우리가 예수 그리스도와 연합하여 하나가 될 방법은 간단합니다. 우리가 예수님이 완성하신 십자가의 복음을 바로 깨닫고 예수 그리스도를 받아들이고 하나님에게서 태어나면 됩니다. 그 때 우리는 예수 그리스도 안에 들어가게 됩니다. 성경은 하나님에게서 태어나면 예수 그리스도 안에 들어간다고 분명하게 증거하고 있습니다.

"너희는 하나님으로부터 나서 그리스도 예수 안에 있고 예수는 하나님으로부터 나와서 우리에게 지혜와 의로움과 거룩함과 구원함이 되셨으니"(고전 1:30)

우리가 일단 예수 그리스도 안에 들어가기만 하면 우리는 영원한 생명 안에 있게 됩니다.

그렇다면 영원한 생명을 무엇을 의미할까요? 영원한 생명 속에는 과거와 현재와 미래까지 포함되어 있습니다. 새 생명은 아담이 아니라 그리스도를 통해서 십자가로 거슬러 올라갑니다. 그러므로 예수 그리스도의 갈보리의 사건은 영원 속에 한 사건이었습니다. 따라서 우리가 그리스도 안에 있다는 것은 우리가 예수 그리스도 안에 영원토록 함께 있음을 의미합니다. 그러므로 우리는 그리스도 안에서 현재에도 함께 있으며, 미래 3천 년 후에도 함께 있으며, 과거 3천 년 전에도 함께 있었던 것입니다. 따라서 우리는 예수 그리스도 안에서 십자가 사건에 함께 있었던 것입니다. 예수 그리스도께서 십자가에 못 박히실 때뿐만 아니라 장사지내실 때와 죽은 자들 가운데서 살아나셨을 때도 또한 하늘에 승천하셨을 때에도 우리는 예수 그리스도 안에 함께 있었습니다. 그러므로 우리는 예수 그리스도와 함께 연합하여 하나가 되어 십자가에서 함께 죽었습니다.

+ 따라서 우리는 성경의 진리와 증거를 받아들여야 합니다

성경은 이 사실을 참된 진리로서 분명하게 증거하고 있습니다.

"그러므로 너희가 그리스도와 함께 다시 살리심을 받았으면 위의 것을 찾으라 거기는 그리스도께서 하나님 우편에 앉아 계시느니라 위의 것을 생각하고 땅의 것을 생각하지 말라 이는 너희가 죽었고 너희 생명이 그리스도와 함께 하나님 안에 감추어졌음이라, 내가 그리스도와 함께 십자가에 못 박혔나니 그런즉 이제는 내가 사는 것이 아니요 오직 내 안에 그리스도께서 사시는 것이라 이제 내가 육체 가운데 사는 것은 나를 사랑하사 나를 위하여 자기 자신을 버리신 하나님의 아들을 믿는 믿음 안에서 사는 것이라"(골 3:1-3, 갈 2:20)

이처럼 성경의 참된 진리는 너무나 분명하고 확실합니다. 사도 바울은 갈라디아서에서 이 사실을 증언하고 있습니다. 갈라디아 2장 20절의 동사는 실제로 시제가 부정 과거형으로, 과거에 이미 이루어진 어떤 사건을 이야기하고 있습니다. 그런데 한 가지 분명한 것은 우리가 예수 그리스도 안에 있어야 그분과 함께 못 박힐 수 있다는 것입니다. 로마서 6장 5절은 우리가 예수 그리스도와 함께 연합하여 죽고 난 다음에 그분과 함께 다시 살리심을 받았다고 증언하고 있습니다. 그리고 에베소서 2장 6절은 우리가 예수 그리스도 안에서 하늘에 있는 하나님 바로 우편에 함께 앉아 있다고 말씀합니다.

"또 함께 일으키사 그리스도 예수 안에서 함께 하늘에 앉히시니"

그러므로 우리가 예수 그리스도 안에서 십자가 바로 그곳에 있었으므로 모든 문제를 십자가에 매달 수가 있었던 것입니다. 우리가 예수 그리스도 안에서 하늘나라에 함께 앉아 있었으므로 우리는 하늘나라에서 그분과 함께 살아갈 수 있는 것입니다. 그러므로 우리는 에베소서 1장 4절에서 아득한 과거를 돌아보게 합니다.

"곧 창세 전에 그리스도 안에서 우리를 택하사 우리로 사랑 안에서 그 앞에 거룩하고 흠이 없게 하시려고"

이 세상이 창조되기도 전에 하나님께서는 예수 그리스도 안에서 우리를 선택하신 것입니다. 우리를 선택하신 이유가 무엇일까요? 우리로 사랑 안에서 하나님 앞에 거룩하고 흠이 없게 하시려고 우리를 선택하신 것입니다.

그렇다면 우리가 나의 병든 자아를 처리하기 위해서 우리는 무엇을 해야 할까요?

+ 우리는 역사적인 사실을 바로 알아야 합니다

우리가 예수 그리스도와 함께 죽었다는 역사적인 사실을 바로 인식해야 합니다. 그렇다면 우리가 어떻게 죽었을까요? 우리는 예수 그리스도의 죽음 가운데서 함께 죽었습니다. 이 사실을 바로 깨닫지 못한 사람은 영적으로 성숙한 사람이 될 수 없으며, 행복한 삶을 살아갈 수 없습니다.

만일 우리가 예수 그리스도께서 우리의 모든 죄를 십자가 위에서 담당하셨다는 진리를 알지 못하면, 우리는 구원을 받을 수 없습니다. 마찬가지로 우리가 예수 그리스도와 함께 연합하여 십자가 위에서 죽었다는 사실을 알지 못하면, 우리는 역시 나의 병든 자아에서 벗어날 수 없습니다.

하지만 우리는 이미 예수 그리스도의 복음을 믿음으로 우리의 죄 사함을 받았습니다. 우리는 예수 그리스도께서 우리의 대속자로서 죽으심으로 우리의 모든 죄를 담당하셨다는 사실과 예수 그리스도의 보혈로 우리의 모든 죄를 다 씻어 주셨다는 진리를 깨달았습니다. 우리가 우리의 모든 죄가 십자가 위에서 도말된 것을 알았을 때 우리는 그것을 감사한 마음으로 기쁘게 받아 들였습니다.

이제 우리가 나의 병든 자아에서 벗어나는 것도 마찬가지입니다. 모든 사건은 이미 다 이루어졌습니다. 예수 그리스도께서 십자가에 못 박히실 때 우리도 역시 못 박혀 죽은 것입니다. 이것은 변함없는 사실이요 참된 진리입니다. 우리가 해야 할 것은 그리스도께서 죽으셨을 때 나의 병든 자아도 역시 죽었다는 사실을 알고, 그것을 믿고, 그것을 받아들이고, 그것을 하나님께 감사해야 합니다. 만일 우리가 예수 그리스도의 죽음을 믿는다면 그리스도의 죽음을 믿는 것만큼 확실하게 우리가 예수 그리스도와 연합하여 그분과 함께 죽었다는 사실도 확실하게 믿을 수 있습니다.

우리는 예수 그리스도께서 죽으셨다는 것을 믿었습니다. 그렇다면 우리가 그렇게 믿는 근거가 무엇일까요? 우리가 예수 그리스도께서 죽으셨다는 것을 느끼기 때문일까요? 아닙니다. 우리는 그것을 결코 느껴본 적이 없습니다. 그것은 하나님의 말씀이 우리에게 말씀하셨기 때문에 우리는 그렇게 믿는 것입니다.

예수 그리스도께서 십자가에 못 박히셨을 때 두 강도가 동시에 십자가에 못 박혀 죽었습니다. 우리는 그들이 예수 그리스도와 함께 십자가에 못 박혔다는 것도 역시 의심하지 않습니다. 왜냐하면 성경이 아주 분명하고 확실하게 그렇게 말씀하고 있기 때문입니다.

이제 우리는 예수 그리스도의 죽음을 확실하게 믿습니다. 그리고 우리는 그분과 함께 죽은 두 강도의 죽음도 믿을 수 있습니다. 그런데 나의 병든 자아의 죽음에 대해서는 어떻게 생각해야 할까요? 바로 우리가 예수 그리스도께서 죽으실 때 그분 안에 있었기 때문에 우리도 그분과 함께 연합하여 함께 죽은 것입니다.

우리가 죽었다고 느껴도 우리는 죽은 것이고, 우리가 죽었다고 느껴지지 않더라도 우리는 역시 분명히 죽었습니다. 이것은 영원히 변하지 않는 불변의 진리입니다. 그리스도께서 죽으셨다는 것은 사실입니다. 두 강도가 죽은 것도 사실입니다. 그리고 나의 병든 자아가 죽었다는 것도 역시 사실입니다.

사도 바울은 로마서를 통하여 그 사실을 분명히 알고 있다고 고백하고 있습니다. 자신뿐만 아니라 '우리'라는 복수를 사용하며 "우리가 알고 있다"고 분명하게 말씀하고 있습니다.

"우리가 알거니와 우리의 옛 사람이 예수와 함께 십자가에 못 박힌 것은 죄의 몸이 죽어 다시는 우리가 죄에게 종 노릇하지 아니하려 함이니"(롬 6:6)

그러므로 이제 우리는 죽으려고 애를 쓸 필요가 없습니다. 우리는 죽으려고 기다릴 필요도 없습니다. 우리는 예수 그리스도 안에서 이미 죽었기 때문입니다. 우리는 성경이 말하는 참된 진리를 사실로 바로 알아야 합니다.

+ 우리는 사실을 사실대로 여겨야 합니다

지금까지의 원리가 나의 병든 자아를 청산하고 죄에서 벗어나 거룩하게 살아갈 수 있는 영적인 원리입니다. 우리는 이러한 사실을 사실대로 여겨야 합니다. 로마서 6장 6절의 말씀을 자세히 살펴보십시오.

"우리가 알거니와 우리 옛 사람이 예수와 함께 십자가에 못 박힌 것은"

이 말씀은 문법적으로 바라보면 과거형입니다. 이 사실은 과거에 이미 이루어진 사실입니다. 이 사건은 영원히 단번에 일어났고, 이미 끝났

습니다. 그 일은 이미 일어났으니 결코 취소될 수 없습니다. 이러한 참
된 진리를 우리는 반드시 알아야 합니다. 그러면 이 사실을 우리가 알았
을 때 그 뒤에 따라오는 것은 무엇일까요? 그러므로 로마서 6장 11절에
서는 또 다른 명령이 나옵니다.

> "이와 같이 너희도 너희 자신을 죄에 대하여는 죽은 자요 그
> 리스도 예수 안에서 하나님께 대하여는 살아 있는 자로 여
> 길지어다"(롬 6:11)

이 말씀은 로마서 6장 6절에서 연결되는 연속적인 말씀입니다.
그러므로 이 두절을 함께 읽어보아야 이 진리가 더 분명하게 보입니다.

> "우리가 알거니와 우리의 옛 사람이 예수와 함께 십자가
> 에 못 박힌 것은 죄의 몸이 죽어 다시는 우리가 죄에게 종 노릇
> 하지 아니하려 함이니, 이와 같이 너희도 너희 자신을 죄에
> 대하여는 죽은 자요 그리스도 예수 안에서 하나님께 대하여
> 는 살아 있는 자로 여길지어다"

그러므로 참된 진리는 참된 순서가 있습니다. 나의 병든 자아가 예
수 그리스도와 함께 십자가에 못 박힌 것을 알았다면 이제 우리는 그다
음 단계로 그 사실을 진리로 여겨야 합니다. 우리가 여기는 것은 우리가
아는 것을 전제로 하고 여기는 것입니다. 이러한 순서는 너무나 중요합

니다. 그러므로 우리가 여기는 것은 반드시 게시된 사실을 바로 알았다는 것에 기초하여 여기는 것입니다. 왜냐하면 그렇지 않을 때에는 우리의 믿음이 자리 잡을 토대가 없어지기 때문입니다. 그러므로 우리가 올바르게 참된 진리를 알았을 때, 우리는 자연스럽게 여길 수 있습니다.

그러므로 로마서 6장 11절은 로마서 6장 6절이 없이는 아무런 소용이 없습니다. 우리가 자신을 죽었다고 여기기 때문에 우리가 죽은 것이 아니라, 우리가 이미 죽었기 때문에 우리가 죽은 것을 사실로 여기는 것입니다. 그것은 죽음을 향한 여김이 아니라 이미 죽었기 때문에 죽음으로부터 오는 참된 여김입니다.

그리고 로마서 6장 11절에서 "여긴다"는 뜻의 헬라어의 참된 의미는 "셈한다, 계산한다, 회계한다."라는 뜻을 가지고 있습니다. 하나에서 하나를 더하면 둘이 되는 것이 당연한 것처럼 성경 말씀을 통해서 아무리 살펴보고, 계산해 보고, 생각해 봐도 나의 병든 자아는 예수 그리스도 안에서 함께 죽고, 예수 그리스도 안에서 함께 부활하고, 예수 그리스도 안에서 함께 승천한 것이 사실입니다. 그래서 이러한 사실을 믿고 사실대로 여기는 것입니다. 회계는 사실의 계산이지 환상의 계산이 아닙니다.

이와 같이 우리가 예수 그리스도 안에서 진실로 죽었기 때문에 하나님께서는 우리에게 그렇게 여기라고 명령하시는 것입니다. 하나님께서 우리에게 자신을 죽은 자로 여기라고 말씀하시는 것은 우리가 이미 죽었기 때문이지, 우리가 여기는 동안에 죽어진 다는 뜻이 아닙니다.

하나님께서 사실 무근인 것을 우리들에게 여기라고 말씀하시지 않습니다. 우리가 예수 그리스도 안에서 그분과 함께 연합하여 죽었다는 진리를 여겨야 하는 이유가 무엇일까요? 그것이 사실이기 때문에 여기는 것입니다. 예수 그리스도께서 십자가 위에서 죽으셨을 때 우리도 그분과 하나가 되어 그분과 함께 거기 있었습니다. 그래서 우리는 참된 사실을 사실대로 여기는 것입니다.

하지만 이 모든 진리는 오직 "예수 그리스도 안에서만" 가능합니다. 예수 그리스도 안에 들어오지 않은 사람은 불가능합니다. 구원받지 못한 사람은 불가능합니다. 예수 그리스도의 영생을 얻지 못한 사람은 불가능합니다. 이것은 언제나 오직 "예수 그리스도 안에서만" 가능합니다. 그래서 바울이 이렇게 말씀합니다.

"너희는 하나님으로부터 나서 그리스도 예수 안에 있고 예수는 하나님으로부터 나와서 우리에게 지혜와 의로움과 거룩함과 구원함이 되셨으니, 우리가 알거니와 우리의 옛 사람이 예수와 함께 십자가에 못 박힌 것은 죄의 몸이 죽어 다시는 우리가 죄에게 종 노릇 하지 아니하려 함이니, 허물로 죽은 우리를 그리스도와 함께 살리셨고 (너희는 은혜로 구원을 받은 것이라) 또 함께 일으키사 그리스도 예수 안에서 함께 하늘에 앉히시니, 너희도 그 안에서 충만하여졌으니 그는 모든 통치자와 권세의 머리시라"(고전 1:30, 롬 6:6, 엡 2:5-6, 골 2:10)

성경은 이러한 참된 진리를 분명하게 증거하고 있습니다. 우리가 예수 그리스도와 함께 죽고, 예수 그리스도와 함께 부활해서, 예수 그리스도와 함께 하늘에 앉히심을 받았으며, 예수 그리스도 안에서 함께 충만하여졌다고 우리에게 가르쳐 주고 있습니다.

+ 우리는 사실을 이제 믿음으로 받아들여야 합니다

찰스 솔로몬은 '사실을 믿음으로 받아들이는 부분'에 대하여 다음과 같이 말합니다.

"예수 그리스도와 함께 못 박히고, 함께 부활한 사실을 믿고 의지하는 것은 우리가 믿음으로 선택하는 것입니다. 하나님의 말씀이 일러주는 사실을 받아들이는 것은 우리 의지의 행사입니다. 이것은 우리가 처음에 예수 그리스도를 개인의 구세주로 영접할 때 의지의 결단인 믿음과 동일합니다. 우리는 예수 그리스도를 믿음으로 의롭게 되었습니다."

사도 바울도 믿음으로 얻을 수 있는 참된 축복을 이렇게 말씀합니다.

"그러므로 사람이 의롭다 하심을 얻는 것은 율법의 행위에 있지 않고 믿음으로 되는 줄 우리가 인정하노라, 그러므로 우리가 믿음으로 의롭다 하심을 받았으니 우리 주 예수 그리스도로 말미암아 하나님과 화평을 누리자"(롬 3:28, 5:1)

그러므로 예수 그리스도의 의와 죄 사함과 하나님과의 화목은, 믿음으로 모두 우리의 것이 되었습니다. 그리고 예수 그리스도께서 다 이루신 사역에 대한 믿음이 없이는 이 모든 것을 소유할 수 없습니다. 믿음이란 내가 하나님께서 이미 이루신 사실을 받아들이는 것입니다. 믿음은 언제나 그 토대를 과거에 두고 있습니다. 이미 이루어진 것을 바라보는 것입니다. 믿음은 하나님께서 이미 하셨다고 말하는 것입니다.

이와 같이 나의 병든 자아도 분명하게 십자가에서 예수 그리스도와 함께 이미 죽었습니다.

"내가 그리스도와 함께 십자가에 못 박혔나니 그런즉 이제는 내가 사는 것이 아니요 오직 내 안에 그리스도께서 사시는 것이라 이제 내가 육체 가운데 사는 것은 나를 사랑하사 나를 위하여 자기 자신을 버리신 하나님의 아들을 믿는 믿음 안에서 사는 것이라"(갈 2:20)

또한 나의 병든 자아는 예수 그리스도 안에서 함께 장사지냈습니다. 그리고 이제는 예수 그리스도 안에서 예수님과 함께 부활했으며, 예수님과 함께 하늘나라로 승천했습니다. 이 사실이 하나님이 말씀하시는 사실이요 참된 진리입니다. 그렇기 때문에 내가 그리스도와 함께 죽었음을 느끼고 있든지, 느끼지 않든지 우리는 예수 그리스도와 함께 이미 죽었습니다. 우리가 그것을 확신할 수 있는 것은 이미 예수 그리스도께서 죽으셨기 때문입니다.

"그리스도의 사랑이 우리를 강권하시는도다 우리가 생각하건 대 한 사람이 모든 사람을 대신하여 죽었은즉 모든 사람이 죽 은 것이라"(고후 5:14)

이 사실은 절대로 변하지 않습니다. 내가 이 사실 위에 서 있는 동안 마귀 사탄은 나를 이길 수 없습니다. 구원받는 바로 그 날에 예수 그리스 도께서는 우리를 위해서 대리자로서 십자가에 못 박혔을 뿐만 아니라, 또한 그분과 함께 나의 병든 자아도 십자가에 못 박혔음을 깨달아야 합 니다. 하나님께서 보시기에는 우리가 예수 그리스도를 영접한 그 날에 이미 그렇게 이루어진 것입니다. 그리하여 우리가 받은 새 생명은 예수 님이 부활하신 후에 가지고 계셨던 그 생명을 받은 것입니다. 이 생명은 사망을 이긴 생명이요, 나의 병든 자아와 세상과 죄와 사망을 이긴 생명 입니다. 이 부활의 생명이 내게 있다는 것은, 예수 그리스도께서 죽으셨 을 때, 그리고 그분이 부활하시고 승천하셨을 때, 나도 그분과 함께 동 참했다는 사실을 증거하고 있습니다. 그러므로 예수 그리스도께서 다 시 오실 때에 나도 부활하게 됩니다. 또한 승천하여 함께 영광을 누리게 됩니다. 이제 우리 안에 사시는 분은 더 이상 우리 자신이 아니라 예수 그리스도이십니다. 그리하여 그분께서는 우리의 생명과 계획을 그리고 우리의 생활을 주관하십니다. 그래서 잭 태일러는 이러한 사실을 깨닫 고 이렇게 말하고 있습니다.

"나는 예수 그리스도와 함께 십자가에 못 박혔습니다. 그리하여 십자가는 나를 자유롭게 하였으니, 나는 예수 그리스도와 함께 다시 살아나고, 예수 그리스도께서 내 안에 사시며, 나를 다스리십니다. 예수 그리스도와 함께 세상에 대하여, 죄에 대하여, 자아에 대하여 죽는 것은 즐거운 일이며, 예수 그리스도께서 내 안에 사시며, 나를 다스리시며, 그분과 함께 사는 것은 즐거운 일입니다."

+ 이제는 하나님께 헌신해야 합니다

로마서 6장에는 세 가지 동사가 등장합니다. 그것은 '알라, 여기라, 드리라'는 동사입니다. 로마서 6장 1절부터 11절에서는 두 가지 동사인 '알라, 여기라'를 다룹니다. 이제 마지막 동사인 '드리라'는 동사는 로마서 6장 후반 부분인 12절부터 23절에서 다루고 있습니다. 그러면서 동시에 우리가 죄를 이길 수 있는 비결을 다루고 있습니다. 그러므로 로마서 6장 15절에서는 '죄를 지으리요 그럴 수 없느니라'라는 강한 표현이 나옵니다. 그러므로 구원받은 우리 그리스도인들은 이제 죄를 범하지 말아야 합니다. 사도 바울은 로마서 6장 12절에서 이렇게 도전합니다.

"그러므로 너희는 죄가 너희 죽을 몸을 지배하지 못하게 하여 몸의 사욕에 순종하지 말고"

12. 구원받은 사람은 자신의 병든 자아를 처리한다 217

이 말씀은 '그러므로'라는 접속사로 시작됩니다. 이 접속사는 로마서 6장 1절부터 11절을 받는 말씀입니다. 다시 말해서 우리가 이제 나의 병든 자아가 죽었다는 사실을 바로 알았다면, 또한 죄에 대해서는 죽은 자요, 하나님께 대하여는 살아있는 자로 여긴다면 이제부터는 '다르게 살라'고 명령합니다. 나의 병든 자아가 죽었기 때문에 우리는 이제 하나님께 헌신하며 살아야 합니다. 그러므로 '드리라'라는 동사는 하나님께 헌신하며 살아가라는 명령입니다. 그렇다면 우리는 무엇을 드리며 하나님께 헌신해야 할까요? 우리는 우리의 몸을 하나님께 드리며 헌신해야 합니다. 그래야 매일의 삶에서 죄를 이기고 승리할 수 있습니다. 그렇다면 우리는 어떻게 하나님께 헌신할 수 있을까요?

✛ 죄가 우리 몸에서 왕 노릇 하지 못하게 하라

그러므로 우리는 죄를 주인으로 모시지 말아야 하며, 죄의 종이 되지 말아야 합니다.

로마서 6장 12절부터 23절을 자세히 살펴보면 다음과 같은 내용이 강조됩니다.

"죄의 종과 의의 종"
"순종의 종과 하나님의 종"

그렇다면 우리는 누구의 종이 되어야 할까요?

우리의 주인은 누구일까요?

여기에 우리는 어떻게 대답할 수 있을까요?

우리의 진정한 대답은 입으로 하는 것이 아니라 순종으로 하는 것입니다. 다시 말해서 우리가 죄에게 순종한다면 우리는 죄의 종이요, 죄가 우리의 주인이요, 죄가 우리의 몸에서 왕 노릇을 하는 것입니다. 하지만 우리가 하나님께 순종한다면 우리는 의의 종이요, 하나님이 우리의 주인이요, 하나님께서 우리의 몸에서 왕 노릇을 하는 것입니다.

이것이 바울이 우리에게 가르쳐주는 놀라운 교훈입니다.

그러므로 사도 바울은 로마서 6장 16절에서 너무나 상식적인 이야기처럼 말하고 있습니다.

"너희 자신을 종으로 내주어 누구에게 순종하든지 그 순종함을 받는 자의 종이 되는 줄을 너희가 알지 못하느냐 혹은 죄의 종으로 사망에 이르고 혹은 순종의 종으로 의에 이르느니라"

그렇다면 우리는 어떻게 죄가 우리 몸에서 왕 노릇 하지 못하게 해야 할까요? 바로 우리는 우리의 몸의 사욕에 순종하지 말아야 합니다. 우리 몸을 불의의 병기로 죄에게 드리지 말아야 합니다. 그러므로 바울은 '하지 말라'는 의미로 로마서 6장 12절과 13절에서 "말고"라는 말씀을 두 번이나 강조합니다. 그러므로 우리는 몸의 사욕에 순종하지 말고, 죄를 멀리하고, 정직하고, 거짓말을 멀리해야 합니다. 우리가 거짓말을 할 수 없는 이유가 무엇일까요? 우리 그리스도인은 진실하시고 정직하신 하나님과 관계가 있기 때문입니다. 로마서 3장 4절에서도 "사람은 다 거짓되되 오직 하나님은 참되시다 할지어다"라고 말씀합니다. 그뿐만 아니라 거짓말은 특히 마귀 사탄과 관계가 있기 때문입니다. 그러므로 우리가 거짓말을 하면 진실하신 하나님을 떠나 거짓의 아비인 마귀 사탄과 관계를 맺는 것입니다. 사도 요한은 요한복음 8장 44절에서 이렇게 말합니다.

"너희는 너희 아비 마귀에게서 났으니 너희 아비의 욕심대로 너희도 행하고자 하느니라 그는 처음부터 살인한 자요 진리가 그 속에 없으므로 진리에 서지 못하고 거짓을 말할 때마다 제 것으로 말하나니 이는 그가 거짓말쟁이요 거짓의 아비가 되었음이라"

따라서 거짓말은 마귀 사탄의 자녀와 연관이 있고 불신자와 연관이 있습니다. 불신자가 거짓말을 하는 것은 마귀 사탄이 자신의 아버지인 것을 시인하는 것이요, 자신이 마귀 사탄의 자녀인 것을 시인하는 것입니다. 마귀 사탄이 거짓말을 하는 것은 조금도 이상하지 않은 것은 사탄이 거짓말을 할 때마다 자신의 것으로 거짓말을 하기 때문입니다. 마귀 사탄은 거짓말쟁이요 거짓의 아비이기 때문입니다. 그러므로 마귀 사탄이 하와에게 거짓말할 때 "선악과를 따먹어라 선악과를 따먹으면 너도 하나님이 될 수 있단다. 그뿐만 아니라 너는 절대로 죽지 않는다."라고 거짓말을 했습니다. 그뿐만 아니라 요한계시록 21장 8절에서는 지옥에 들어가는 마지막 죄가 거짓말하는 죄라고 지적합니다.

"그러나 두려워하는 자들과 믿지 아니하는 자들과 흉악한 자들과 살인자들과 음행하는 자들과 점술가들과 우상 숭배자들과 거짓말하는 모든 자들은 불과 유황으로 타는 못에 던져지리니 이것이 둘째 사망이라"

그러므로 거짓말하는 모든 자들은 지옥에 들어가는 것입니다.
그렇다면 우리는 어떻게 하나님께 헌신할 수 있을까요?

+ 우리의 몸을 의의 병기로 하나님께 드리라

여기서 '우리의 몸을 불의의 무기로 죄에게 드리지 말라'는 명령은 하나님께서 명령하시는 부정적인 명령입니다. 하지만 '우리의 몸을 의의 무기로 하나님께 드리라'는 명령은 매우 긍정적인 명령입니다. 우리가 우리의 몸을 하나님께 헌신하면 어떤 일이 일어날까요? 로마서 6장 13절부터 14절 말씀은 우리가 하나님께 헌신할 때 어떤 축복을 가져다주는지 분명하게 알려줍니다.

"또한 너희 지체를 불의의 무기로 죄에게 내주지 말고 오직 너희 자신을 죽은 자 가운데서 다시 살아난 자 같이 하나님께 드리며 너희 지체를 의의 무기로 하나님께 드리라 죄가 너희를 주장하지 못하리니 이는 너희가 법 아래에 있지 아니하고 은혜 아래에 있음이라"

우리가 우리의 몸을 하나님께 헌신할 때 '죄가 우리를 주장하지 못한다.'고 약속하고 있습니다. 죄가 우리의 몸을 주장하지 못한다는 것은 죄가 우리의 몸에서 왕 노릇 할 수 없다는 말씀입니다. 다시 말해서 우리가 죄에게 지는 것이 아니라 우리가 죄를 이길 수 있다는 놀라운 축복의 말씀입니다. 많은 그리스도인이 죄를 범하는 이유가 무엇일까요? 그것은 그들이 하나님께 헌신하지 않기 때문입니다. 그러므로 우리가 하나님의 일에 헌신하면 할수록 우리는 점점 더 죄를 멀리하고 죄로부터 멀어지는 거룩한 삶을 살아갈 수 있습니다. 그러므로 우리는 우리의 몸을 하나님께 드리며 헌신하며 살아야 합니다.

+ 우리가 하나님께 헌신해야 할 이유가 무엇인가?

로마서 6장 17절부터 18절 말씀은 우리가 하나님께 헌신해야 할 이유를 자세히 소개합니다.

"하나님께 감사하리로다 너희가 본래 죄의 종이더니 너희에게 전하여 준 바 교훈의 본을 마음으로 순종하여 죄로부터 해방되어 의에게 종이 되었느니라"

이 말씀에서 '너희에게 전하여 준 바 교훈의 본을 마음으로 순종하여' 라는 말씀은 우리가 예수님이 완성하신 복음에 순종한 것을 나타냅니다. 우리는 우리가 전해 들은 복음의 말씀에 진실한 마음으로 순종하여 예수 그리스도를 우리의 삶의 주인으로 모시고, 하나님의 자녀가 되었을 뿐만 아니라 죄에게서 해방되어 의의 종이 되었다고 말합니다.

그러므로 로마서 6장 20절에서는 "너희가 죄의 종이 되었을 때에는 의에 대하여 자유로웠느니라"라고 말씀합니다. 다시 말해서 우리가 구원받기 전에는 그리고 죄의 종이 되었을 때에는 우리는 의에 대하여 자유로웠습니다. 다시 말해서 의를 행할 의무가 없었습니다. 그러므로 우리는 하나님께 순종하지 않았으며, 하나님께 헌신하지 않는 것도 지극히 당연한 일이었습니다. 하지만 우리가 이제는 구원을 받았기 때문에 완전히 달라졌습니다. 우리가 구원을 받고도 우리 하나님께 헌신하지 않는 것은 너무나 부끄러운 일입니다.

그러므로 사도 바울은 로마서 6장 21절부터 23절에서 이렇게 말합니다.

"너희가 그 때에 무슨 열매를 얻었느냐 이제는 너희가 그 일을 부끄러워하나니 이는 그 마지막이 사망임이라 그러나 이제는 너희가 죄로부터 해방되고 하나님께 종이 되어 거룩함에 이르는 열매를 맺었으니 그 마지막은 영생이라 죄의 삯은 사망이요 하나님의 은사는 그리스도 예수 우리 주 안에 있는 영생이니라"

이 말씀에서 가장 중요한 교훈은 '이제는'이라는 말씀과 '그러나'라는 말씀입니다. 이제는 우리가 죄로부터 해방되고 하나님의 종이 되었기 때문에 부끄럽게 살아서는 안 되는 것입니다. 이 말씀은 구원받기 전과 구원을 받은 후를 분명하게 비교하고 있습니다.

'너희가 그 때에 무슨 열매를 얻었느냐'

이 말씀에서 '그 때'는 우리가 구원받기 전에, 그때에는 우리가 죄의 종이 되어 죄에게 종살이를 했었습니다. 그때에는 우리가 사망의 열매를 맺었습니다. 그때에는 우리가 부끄러운 열매를 맺었습니다. 하지만 우리가 이제는 구원을 받고, 의의 종이 되었고, 하나님께 종이 되어 헌신하며 살아가게 되었습니다. 이제는 우리가 거룩함에 이르는 열매를 맺으며 살아가게 되었습니다. 이제는 우리가 영생을 누리며 살아가게 되었습니다. 이 얼마나 놀라운 축복이요, 비교입니까? 그러므로 우리가 이제는 죄를 짓지 않는 것만으로 만족하지 않고, 우리가 이제는 적극적으로 하나님께 헌신하며 살아갑니다. 우리가 이제는 죄로부터 승리할 수 있으며, 거룩함에 이르는 열매를 맺으며 살아갈 수 있습니다. 이 얼마나 놀라운 축복입니까? 그러므로 구원받은 사람은 죄를 범하게 만드는 병든 자아가 죽은 사람입니다.